MINHAS AVENTURAS EM MARKETING

PHILIP KOTLER

MINHAS AVENTURAS EM MARKETING

Tradução de
CLAUDIA GERPE DUARTE

1ª edição

best.business
RIO DE JANEIRO – 2017

CIP-BRASIL. CATALOGAÇÃO NA PUBLICAÇÃO
SINDICATO NACIONAL DOS EDITORES DE LIVROS, RJ

K88m

Kotler, Philip
Minhas aventuras em marketing / Philip Kotler; tradução
Claudia Gerpe Duarte. – 1ª ed. – Rio de Janeiro:
Best Business, 2017.
256 p.; 14 × 21cm.

Tradução de: My Adventures in Marketing
Inclui bibliografia
ISBN 978-85-68905-12-8

1. Marketing. 2. Negócios. I. Título.

CDD: 658.8
CDU: 658.8

16-35394

Minhas aventuras em marketing, de autoria de Philip Kotler.
Texto revisado conforme o Acordo Ortográfico da Língua Portuguesa.
Primeira edição impressa em fevereiro de 2017.
Título original inglês:
MY ADVENTURES IN MARKETING

Copyright © 2013, Philip Kotler.

Todos os direitos reservados. Proibida a reprodução, no todo ou em parte, sem autorização prévia por escrito da editora, sejam quais forem os meios empregados.

Design de capa: Rafael Nobre/Babilonia Cultura Editorial.

Direitos exclusivos de publicação em língua portuguesa para o Brasil adquiridos pela Best Business, um selo da Editora Best Seller Ltda. Rua Argentina, 171 – 20921-380 – Rio de Janeiro, RJ – Tel.: (21) 2585-2000, que se reserva a propriedade literária desta tradução.

Impresso no Brasil

ISBN 978-85-68905-12-8

Seja um leitor preferencial Best Business.
Cadastre-se e receba informações sobre nossos lançamentos e nossas promoções.

Atendimento ao leitor e vendas diretas: sac@record.com.br ou (21) 2585-2002.
Escreva para o editor: bestbusiness@record.com.br
www.record.com.br

Sumário

Prefácio • 9

1. Retrospectiva • 11
2. Minha família • 14
3. O início da vida acadêmica, o movimento "Grandes Livros" e a Universidade de Chicago • 18
4. Da Universidade de Chicago para o MIT • 21
5. Como conheci Nancy, meu grande amor e minha melhor amiga • 25
6. Rumo à Índia, com Nancy, para a tese de doutorado • 28
7. Lecionando na Universidade Roosevelt e depois estudando matemática avançada em Harvard durante um ano • 32
8. O ingresso na Escola Kellogg de Administração, na Universidade Northwestern • 36
9. A decisão de escrever *Administração de marketing* • 41
10. Observações sobre a origem e a evolução do marketing • 45
11. A expansão do marketing • 49

6 | PHILIP KOTLER

12. O surgimento da área do marketing social • 53

13. Críticas e contribuições do marketing • 61

14. Como fazer marketing de lugares • 66

15. O marketing político e sua evolução • 69

16. O mundo dos museus • 74

17. O mundo das artes cênicas • 78

18. O mundo da religião • 82

19. Em busca de transformação • 86

20. Conheça Peter Drucker, o pai da administração moderna • 90

21. Minhas reuniões de consultoria e nos conselhos de administração • 95

22. Como expandir seu negócio em épocas de crescimento lento • 99

23. A gestão de organizações sem fins lucrativos • 103

24. Como melhorar o desempenho do governo • 108

25. O flagelo do suborno e da corrupção • 113

26. O inevitável aumento da responsabilidade social corporativa • 117

27. O movimento do capitalismo consciente • 122

28. A maldição da pobreza • 127

29. A maldição da desigualdade e da riqueza • 130

30. Como lidar com a desilusão nacional • 134

31. Bem-vindo à Era do Demarketing • 141

32. Planejamento e organização da Cúpula Mundial de Marketing • 146

33. O grande talento do Japão abala o mundo na década de 1980 • 150

MINHAS AVENTURAS EM MARKETING | 7

34. Experiências maravilhosas no Japão • 156

35. Colecionando *netsukes* e *tsubas* japoneses • 160

36. Colecionando arte contemporânea em vidro • 164

37. Meu caso de amor com a Suécia • 169

38. A bela Indonésia e o Museu de Marketing 3.0 • 174

39. Tailândia — terra de reis • 179

40. A ascensão do Brasil • 183

41. O México e a KidZania para crianças • 187

42. As dores, os prazeres e o potencial da Itália • 192

43. A economia e a arte da construção das nações • 196

44. Megacidades, a força motriz do desenvolvimento econômico • 200

45. Chautauqua — A fabulosa cidade no estado de Nova York • 205

46. Os prazeres e as dores da fama • 209

47. A inovação e a disrupção na nova economia • 213

48. O futuro do marketing • 220

49. O relacionamento entre o marketing e a economia • 224

Epílogo • 229

Apêndice: publicações • 231

PREFÁCIO

Em 2013, recebi um convite do jornal japonês *Nikkei* para escrever trinta colunas (cada uma com uma média de seiscentas a oitocentas palavras) que seriam publicadas diariamente durante o mês de dezembro.

Também fui informado de que, ao longo de muitos anos, o *Nikkei* vinha fazendo o mesmo convite a diferentes pessoas que haviam feito contribuições extraordinárias para o mundo, como grandes fundadores de empresas, entre elas Konosuke Matsushita (da Panasonic), Akio Morita (da Sony), meu venerado Peter Drucker e Tony Blair.

Sempre me vi como autor de livros e artigos, mas nunca como colunista. Para mim, os colunistas são pessoas como Thomas Friedman, David Brooks e Paul Krugman, que concordam em entregar ao *New York Times* duas colunas por semana enquanto estiverem trabalhando para o jornal. Fico impressionado com a capacidade que possuem de apresentar uma coluna interessante a cada três ou quatro dias.

É desnecessário dizer que esse convite despertou meu interesse, de modo que o aceitei sem hesitar. Então, fui levado pelo entusiasmo e redigi cinquenta artigos, deixando que o *Nikkei* decidisse quais iria publicar. Mas, para garantir que as outras colunas não ficassem de lado, perdidas no tempo, o *Nikkei* e eu concordamos em lançar um livro em japonês reunindo as colunas depois que fossem publicadas, em de-

10 | PHILIP KOTLER

zembro de 2013. O jornal também concordou que eu teria os direitos sobre a publicação de uma edição em língua inglesa e sobre a venda dos direitos de tradução para fora do Japão.

Quando reexaminei as colunas que havia escrito, ficou claro que o melhor título para este livro seria *Seeing the World and Life Through Marketing Eyes* [Vendo o mundo pelos olhos do marketing, em tradução livre]. Revelei nesses textos algumas passagens de minha história e de minha família, de amizade e de experiências valiosas, bem como de minhas ideias sobre pobreza, paz, religião, formação de nações e cidades, museus e artes cênicas, inovação, geração de riqueza, concorrência, corrupção, regulamentação do governo, teoria econômica, ciência de marketing, responsabilidade social corporativa, marketing social, transformação, disrupção, organizações sem fins lucrativos, a arte de colecionar, branding, propósito empresarial e felicidade.

Sempre que me ocorria uma ideia para uma coluna, a imposição de seiscentas a oitocentas palavras fazia com que eu me sentisse muito limitado. Alguns de meus textos chegavam a ter entre mil e 1.500 palavras, e precisavam ser reduzidos. Comecei, então, a dar valor à habilidade de nossos colunistas famosos, que concebem e apresentam em poucas palavras, com poucos dias de intervalo, novas ideias ou reminiscências provocadoras. Reconheço também a habilidade dos blogueiros sérios que escrevem colunas com frequência.

Caro leitor, espero que você considere algumas de minhas ideias interessantes e talvez até mesmo estimulantes.

PHILIP KOTLER
www.pkotler.org

1. Retrospectiva

Atuo no setor de marketing como professor, consultor e autor há mais de cinquenta anos. Sempre gostei dessa área. É um ramo da economia aplicada, e espero ter contribuído. Publiquei mais de cinquenta livros sobre diferentes aspectos do marketing e apresentei várias ideias, entre elas a do marketing social e o demarketing, que enriqueceram o setor. Como reconhecimento, recebi 15 títulos *honoris causa* e muitos outros prêmios.

Diante da pergunta: "O que é marketing?", o que lhe vem à cabeça? Estou certo de que é "venda". É usar a propaganda, a mala direta, a promoção de vendas e a publicidade para estimular a venda de produtos. No entanto, essas atividades são apenas uma minúscula parcela do marketing. Este último, em tese, deve ajudar a decidir quais produtos devem ser fabricados, assim como determinar o preço deles, como distribuí-los e, é claro, como promovê-los. O marketing é uma ciência prática que visa melhorar as vendas e os lucros de uma empresa e também a vida das pessoas ao criar valor e satisfação para o cliente. Meio século já se passou desde que ingressei na área de marketing. Nesse tempo, tive muitas oportunidades de contribuir para o desenvolvimento dessa ciência, lecionando a disciplina em várias universidades, ao mesmo tempo que atuava como consultor de empresas e órgãos do governo em diferentes países. Completei 83 anos em 27 de maio de 2014, por isso creio que este talvez seja um bom momento para refletir sobre minha vida e minhas experiências. Tenho a sorte de estar saudável, repleto de curiosidade e ansioso para aprender e fazer coisas novas. Sinto como se meu corpo e minha mente ainda tivessem 60 anos. Não tenho a menor vontade de me aposentar.

Na realidade, vários novos projetos estão em curso. Eles incluem a preparação das edições da Cúpula Mundial de Marketing (WMS). As anteriores foram realizadas em Dhaka, Bangladesh (2012), Kuala Lumpur, Malásia (2013) e Tóquio (2014). O evento de dois dias reuniu eminentes palestrantes e especialistas em marketing que discutiram diferentes maneiras de "Criar um mundo melhor por meio do marketing". Os palestrantes e os painéis examinaram como promover sólido crescimento econômico e justiça social, bem como um planeta sustentável. Focalizamos como as empresas, o governo e as organizações sem fins lucrativos podem trabalhar juntos para melhorar a vida e o bem-estar de 7 bilhões de pessoas que vivem hoje no mundo, bem como de seus descendentes.

Hoje, minhas atividades de pesquisa se concentram no papel das megacidades no desenvolvimento econômico das nações. Uma nação que tenha cidades fortes e prósperas será forte. Também concluí um novo original, *Capitalismo em confronto* (Best Business), que examina 14 deficiências do capitalismo e como cada uma delas pode ser superada.

MINHAS AVENTURAS EM MARKETING | 13

Estou certo de que você compreende que o marketing é, ao mesmo tempo, uma filosofia empenhada em servir aos clientes e um conjunto de atividades e habilidades destinado a resolver problemas econômicos e sociais. Quase todo mundo está empenhado em promover alguma coisa para alguém, seja um rapaz que esteja cortejando uma moça, um CEO se esforçando para fechar um contrato, um funcionário iniciante tentando obter uma promoção e assim por diante. Por conseguinte, imagino que muitos leitores se interessem por essa área de estudo.

Esta é a primeira vez que escrevo um texto com algum conteúdo autobiográfico. Se você já me conhece, ao menos um pouquinho, talvez já tenha ouvido a palavra-chave "4Ps". O termo corresponde a Produto, Preço, Praça e Promoção, que foram propostos na década de 1960 como os elementos importantes de todo o processo de marketing. Meu livro *Administração de marketing*, um sucesso em vários idiomas, que descreve e aplica os 4Ps, tornou-se o livro-texto de marketing mais amplamente utilizado nos cursos universitários de graduação e pós-graduação de todo o mundo. Publiquei também outros 55 livros sobre marketing e variados assuntos (consulte o Apêndice sobre publicações). Minha pesquisa conduziu a muitas homenagens (consulte o Apêndice) e 15 títulos *honoris causa*. Desejo compartilhar essa minha odisseia com você, caro leitor.

2. Minha família

Vou começar com a história da minha família. Nasci em Chicago, Illinois, em 27 de maio de 1931, quando a economia norte-americana estava passando pela Grande Depressão. Meu pai, Maurice Kotlerevsky, nasceu em Níjni Novgorod, na Rússia. Aos 17 anos, ele deixou a Rússia, que se encontrava em plena Revolução Socialista, e emigrou para os Estados Unidos, desembarcando, quase sem dinheiro, na Ilha Ellis, onde seu sobrenome foi reduzido para Kotler. Pouco depois, ele fixou residência em Chicago, com a ajuda de parentes.

Minha mãe, Betty Bubar, nasceu em Berdichev, na Ucrânia. Ela emigrou aos 12 anos, indo primeiro para o Canadá e mudando-se logo em seguida para Chicago. Alguns anos depois, conheceu Maurice Kotler, apaixonou-se, e eles se casaram. Ambos conseguiram emprego: minha mãe trabalhava como vendedora em uma grande loja de departamentos e meu pai, em uma lavanderia. Posteriormente, ele conseguiu juntar dinheiro suficiente para abrir uma peixaria.

MINHAS AVENTURAS EM MARKETING | 15

Ao longo dos anos, minha mãe deu à luz três filhos. Sou o mais velho; meu irmão Milton é cinco anos mais novo e Neil, o caçula, dez anos mais jovem.

Embora sejamos muito diferentes, tanto física quanto emocionalmente, temos uma coisa em comum: todos escolhemos seguir carreiras acadêmicas e nos sentimos inspirados a tornar o mundo um lugar melhor.

Chicago, nossa cidade natal, vinha enfrentando um crescente abismo entre ricos e pobres, além de um nível deteriorante de segurança pública. Embora fôssemos crianças, víamos e sentíamos as contradições na vida econômica de diferentes pessoas. Sentíamo-nos relativamente pobres, mesmo tendo o suficiente para nossas necessidades pessoais.

Milton, o filho do meio, abraçou a ideologia de esquerda e ingressou na Universidade de Chicago aos 16 anos. Depois de se formar, trabalhou em um instituto de pesquisas de esquerda em Washington. Publicou um livro importante chamado *Neighborhood Government*, em que defende a criação de estruturas de governança nos bairros para determinar o que cada um deve fabricar, exportar e importar. Ao longo dos anos, sua postura política foi se modificando e, com o tempo, ele se tornou conservador. Não é incomum as pessoas mudarem de radicais a conservadoras nos diferentes estágios da vida. Milton desenvolveu um forte espírito empreendedor. Em 2004, fundou o Kotler Marketing Group na China para aproveitar as oportunidades que surgiam no país. Seu pequeno empreendimento de cinquenta funcionários foi recentemente classificado como a primeira empresa de consultoria de estratégia de

16 | PHILIP KOTLER

marketing na China, com um desempenho superior ao de grandes empresas de consultoria ocidentais, entre elas a McKinsey. Mais recentemente, Milton e eu publicamos dois livros: *Marketing de crescimento: 8 estratégias para conquistar mercados* e *Markets: How Businesses Invest and Prosper in the World's Top Cities* [Ganhando os mercados globais: como as empresas investem e prosperam nas maiores cidades do mundo, em tradução livre].

Meu irmão mais novo, Neil, trilhou um caminho diferente. Formou-se em Ciência Política pela Universidade de Wisconsin-Madison e concluiu o doutorado na mesma disciplina na Universidade de Chicago. Dedicou-se intensamente ao estudo da democracia e à pesquisa dos primórdios da história dos Estados Unidos, aprofundando-se em como um governo ideal poderia funcionar. Mais tarde, concentrou sua pesquisa em museus e outras organizações sem fins lucrativos (NPOs). Escrevi, em coautoria com Neil, um livro intitulado *Museum Strategy and Marketing: Designing Missions, Building Audiences, Generating Revenue and Resources* [Estratégia e marketing de museu: designando missões, adquirindo públicos, gerando receita e recursos, em tradução livre], que foi publicado em 2003 e considerado por algumas pessoas da área de museologia uma "bíblia" a respeito de estratégia e marketing de museus. Lamentavelmente, meu irmão Neil faleceu aos 72 anos, vítima de leucemia. Fiquei muito triste por perder um irmão maravilhoso e talentoso no auge de sua vida.

Não tenho a menor ideia do motivo pelo qual três intelectuais nasceram em uma família de pais imigrantes com pouca instrução. Nós três amávamos a nossa bela e doce mãe.

Nosso pai era um talentoso jogador de futebol que desejava que os filhos fossem atletas. No entanto, tínhamos pouco interesse pelo esporte. Apreciávamos a vida intelectual. Em seus últimos anos de vida, meu pai me disse com um sorriso: "Nunca me senti tão orgulhoso dos meus filhos."

3. O início da vida acadêmica, o movimento "Grandes Livros" e a Universidade de Chicago

Desde a infância, sempre que eu ouvia falar de alguém que tivesse feito algo maravilhoso, eu tinha vontade de fazer o mesmo. Quando li um artigo sobre astronautas, quis ser um astronauta. Quando li a respeito de Einstein, desejei ser cientista e matemático. Quando li a biografia de Abraham Lincoln, tive vontade de ingressar no mundo da política. Eu me pareço com Zelig do filme *Zelig*, do diretor Woody Allen. O personagem adora as pessoas à sua volta e sempre sonha em se tornar alguém como elas.

O fato de eu ter fantasias a respeito de diferentes carreiras foi, em grande parte, influenciado pelos muitos livros que li. Fui profundamente inspirado pela leitura de *Moby Dick*, de Herman Melville, *A montanha mágica*, de Thomas Mann, e *Crime e castigo*, de Dostoiévsky. Ao ler esses e outros excelentes romances, eu sonhava em me tornar escritor e retratar personagens complexos que conflitaram com os difíceis dilemas morais.

MINHAS AVENTURAS EM MARKETING | 19

Meu interesse pela escrita se manifestou no ensino médio. Escrevi artigos para o jornal da escola. Fiz comentários e críticas sobre as tendências da época. Argumentei que os jovens estavam dedicando tempo excessivo ao esporte, que havia uma escassez de notícias de boa qualidade e de programas de debate no rádio e que muitos filmes tinham pouco valor. Na condição de presidente do clube de debates, eu discutia com outros alunos os assuntos da época, como se a filiação dos trabalhadores aos sindicatos deveria ser obrigatória ou se as Nações Unidas deveriam ter seu próprio exército. A Segunda Guerra Mundial havia acabado e uma nova ordem estava sendo instaurada.

Também fui eleito editor-chefe, com a incumbência de preparar o álbum anual da turma, chamado "Log".

Quando eu cursava o ensino médio, comecei a pensar no meu futuro. Os filhos de imigrantes judeus eram frequentemente persuadidos a pensar em três profissões: medicina, direito ou engenharia, mas, como eu não me sentia atraído por nenhuma delas, decidi estudar contabilidade, porque assim aprenderia mais a respeito de economia. Além disso, a profissão tendia a proporcionar uma renda segura e estável.

Enviei meu pedido de inscrição à Universidade DePaul, instituição de prestígio em Chicago, que me ofereceu uma bolsa de estudos integral. Eu planejava me formar em contabilidade e direito porque essa combinação era altamente respeitada no mundo dos negócios. No entanto, passado um ano, cheguei à conclusão de que faltava algo. Achei que deveria me dedicar a uma educação mais ampla e não apenas ao conhecimento prático sobre contabilidade e direito.

Naquela época, tomei conhecimento do movimento "Grandes Livros", que identificava os livros mais importantes já escritos. O fundador do movimento era Mortimer Adler,

20 | PHILIP KOTLER

que trabalhava com Robert Hutchins, o famoso presidente da Universidade de Chicago.

O movimento "Grandes Livros" apresentava aos leitores as ideias de vários dos maiores pensadores do mundo. Adler e sua equipe desenvolveram uma lista dos cem melhores clássicos e conduziam grupos de debate para deliberar acerca das questões básicas que a humanidade tinha pela frente. Como as atividades do movimento eram desenvolvidas principalmente na Universidade de Chicago, depois de passar dois anos na Universidade DePaul, candidatei-me ao ingresso na Universidade de Chicago e recebi uma bolsa para o departamento de economia. Continuei a ler a respeito das ideias de filósofos como Platão, Aristóteles e Maquiavel, entre outros. Agucei minha capacidade de pensar de forma crítica e desenvolvi meu interesse vitalício por "criar uma sociedade melhor".

Ao mesmo tempo, não podemos adquirir conhecimentos em matemática, economia e engenharia lendo Platão e outros autores de grandes obras. Além disso, na era da internet, os alunos estão mais interessados em empreendedorismo, inovação e tecnologia. No entanto, continuo a acreditar que o conhecimento dos grandes pensamentos do passado pode munir as pessoas de inspiração e ideias para contribuírem para um mundo melhor.

4. Da Universidade de Chicago para o MIT

O ambiente na Universidade de Chicago era estimulante. O corpo docente do departamento de economia era excelente. Lá, aprendi o valor da atividade dos livres-mercados e da concorrência com os professores que faziam parte da Escola de Economia de Chicago, que incluíam Milton Friedman, Frank Knight e muitos outros eminentes economistas. Em 1976, duzentos anos depois de Adam Smith ter publicado *A riqueza das nações*, Milton Friedman recebeu da Suécia o Prêmio Nobel em Economia (1976). Ele se tornou o principal defensor do individualismo e do livre-mercado em seus livros *Capitalismo e liberdade* (1962) e *Livre para escolher* (1979).

Aos 14 anos, li *O manifesto comunista*, de Marx, e senti que a obra apresentava uma poderosa polêmica contra o capitalismo. Como fui criado em circunstâncias desfavoráveis, fiquei aborrecido quando ouvi falar do luxuoso estilo de vida das famílias Rockefeller e Carnegie. "Por que a distribuição de renda é tão injusta?" Desde aqueles dias, eu tinha a clara consciência de que

22 | PHILIP KOTLER

desejava ajudar a criar uma sociedade mais justa utilizando melhor os recursos da teoria econômica.

No entanto, eu era jovem demais para compreender que, no mundo real, a ideia de igualdade de Marx seria corrompida por homens que desejavam o poder e organizariam regimes totalitários. Ao ouvir as palestras dos grandes economistas da Universidade de Chicago, minhas ideias começaram a mudar e fiquei fascinado pela teoria capitalista.

A Universidade de Chicago contava com muitos professores eminentes na área mais ampla das ciências sociais. Aprendi muito com eles sobre psicologia, sociologia, antropologia e ciência política. O fato de eu ter tomado conhecimento das outras ciências sociais foi muito vantajoso para minhas ideias.

Com 20 e poucos anos, tornei-me mestre em economia pela Universidade de Chicago, e o caminho que eu deveria seguir se tornou claro. Meu propósito era me tornar um eminente economista em alguma universidade de destaque.

O passo seguinte era fazer doutorado. Naqueles dias, as universidades mais avançadas em estudos econômicos eram a Universidade Harvard, o Massachusetts Institute of Technology (MIT) e a Universidade da Califórnia, em Berkeley, além da Universidade de Chicago. Optei por me candidatar ao MIT e recebi uma bolsa de pesquisa da Westinghouse. Fiquei encantado e fui para Boston, em Massachusetts, uma cidade que recebia muito estímulo intelectual.

Mais uma vez, pude estudar economia com professores eminentes. Um deles foi Paul Samuelson, que escreveu numerosos trabalhos de pesquisa e publicou dez edições do famoso livro-texto *Introdução à análise econômica*, que era lido no mundo inteiro. Samuelson foi laureado com o Prêmio

MINHAS AVENTURAS EM MARKETING | 23

Nobel de Economia em 1970. O fato de tê-lo conhecido me levou a abandonar as ideias econômicas do livre-mercado e adotar a economia keynesiana. Passei a achar que, nas épocas de recessão, o governo precisa desempenhar um papel ativo para estimular a economia, mesmo que tenha de aumentar o endividamento do país no curto prazo.

Franco Modigliani, que muito contribuiu para a teoria financeira, e Robert Solow, que contribuiu para nossa teoria do papel da inovação no crescimento econômico, também faziam parte do corpo docente de economia do MIT. Modigliani recebeu o Prêmio Nobel de Economia em 1985 e Solow recebeu o mesmo prêmio em 1987.

Quando concluí minha tese de doutorado, o último passo requerido era que eu fosse avaliado por um comitê do departamento. Os três membros do comitê eram os professores Paul Samuelson, Robert Solow e Charles Myers. Lembro-me de Samuelson ter me perguntado: "O que você pensa a respeito da teoria do valor do trabalho de Karl Marx?", ao que respondi: "O valor é produzido não apenas pelo trabalho, mas também pelo capital, sendo, em última análise, um conceito encontrado na mente dos compradores a partir de sua experiência de consumo." Quando penso nisso agora, percebo que disse algo semelhante ao conceito de valor utilizado em marketing. Depois de uma sessão de perguntas de mais ou menos meia hora, pediram-me que deixasse a sala e aguardasse a decisão. É claro que fiquei nervoso.

Veio à minha mente um episódio: eu ouvira dizer que, quando Samuelson fez sua prova oral em Harvard, foi avaliado pelos professores Joseph Schumpeter e Alvin Hansen. Quando Samuelson deixou a sala, os dois professores se entreolharam e Schumpeter perguntou se eles haviam sido aprovados.

Cinco minutos haviam se passado quando Samuelson, Solow e Myers saíram da sala e me disseram: "Parabéns, Sr. Kotler. O senhor foi aprovado."

5. Como conheci Nancy, meu grande amor e minha melhor amiga

Todos deveriam ter um(a) melhor amigo(a) e se apaixonar. Minha esposa, Nancy, é meu grande amor e minha melhor amiga, e esse sentimento está claramente expresso na dedicatória de meu livro *Administração de marketing* desde a sua primeira edição, em 1967, até a mais recente, a 14ª. "Dedico este livro à minha esposa e melhor amiga, Nancy", com sinceros e indizíveis agradecimentos e amor.

Foi realmente maravilhoso conhecer Nancy sem a ajuda de um casamenteiro ou de um serviço de namoro on-line. Tudo aconteceu quando eu tinha 23 anos. Certo dia, em meu dormitório no MIT, vi um pôster anunciando uma festa informal chamada *jollyup*,* que ia acontecer na Faculdade Radcliffe, que era a Harvard para estudantes do sexo feminino.

To jolly up é uma expressão informal e significa ficar mais alegre. O substantivo *jollyup* não existe em português, e tem o sentido genérico de divertimento. (*N. da T.*)

PHILIP KOTLER

"O que significa um *jollyup*?", perguntei a um conhecido. Ele me disse que era uma "festa organizada pelas alunas da Radcliffe para conhecerem eventuais pretendentes".

Decidi ir ao *jollyup* naquela noite.

A festa aconteceu em um dos dormitórios da Faculdade Radcliffe. Vi cerca de trinta moças e um número maior de rapazes na festa. Alguns alunos de Harvard vestiam paletó e estavam com ótima aparência. Por outro lado, a maioria dos alunos do MIT usava grandes relógios de pulso com calculadora e alguns tinham uma régua de cálculo no bolso.

Olhei em volta e avistei uma bonita moça de cabelos escuros e lindos olhos intensos. Aproximei-me dela, convidei-a para dançar, e ela aceitou, com um sorriso. Enquanto dançávamos, comentei: "Você se parece com a Cleópatra", e ela respondeu: "Eu sou a Cleópatra." Assim começou o nosso romance.

Antes de nos despedirmos, eu a convidei para irmos velejar no rio Charles, que faz limite com o MIT. Ela aceitou. Só havia um problema: eu nunca havia velejado. Tive uma semana para ler a respeito. Finalmente chegou o dia do encontro e fui buscar Nancy em casa. Ela pareceu surpresa ao me ver, pois eu usava sapatos de couro preto, o que não era exatamente o que os marinheiros experientes usavam. O tempo estava bom e o barco parecia deslizar pelo rio Charles. Infelizmente, o ventou parou de repente, o barco ficou imóvel e tivemos de ser rebocados por uma embarcação da Guarda Costeira. Nancy, longe de entrar em pânico, deu boas gargalhadas e pareceu se divertir com a minha falta de habilidade como marinheiro.

Nosso romance, que começou em 1953, conduziu à nossa maravilhosa vida conjugal, que já dura 59 anos. E tudo graças a um pôster que eu vi, anunciando um *jollyup*!

MINHAS AVENTURAS EM MARKETING | 27

Minha esposa não trouxe apenas beleza, amor e requinte à minha vida. Nancy se formou em direito e sua mente aguçada nos ajudou a elaborar contratos de casas, livros e afins. E teve nossas três filhas: Amy, Jessica e Melissa. Nossas filhas agora estão casadas e têm suas famílias, e nos agraciaram com nove netos. Amy nos deu Jordan, Jamie, Ellie e Abby. Melissa nos deu Olivia e Sam. E Jessica nos deu Shaina, Sapphire e Dante.

Os casamentos acontecem de maneiras diferentes em todo o mundo. As pessoas dão grande importância ao fato de os parceiros pertencerem à mesma classe social ou de os pais da noiva poderem oferecer um bom dote, em vez de pensarem se o noivo e a noiva realmente se amam. Encontrar um(a) parceiro(a) para toda a vida também sofre influência da sorte. O mercado de casamentos é um dos menos eficientes do mundo, mas, por mais imperfeito que seja, surgiram vários novos serviços de namoro, tornando disponíveis mais informações e escolhas mais amplas para homens e mulheres. Nancy e eu não usamos um serviço desse tipo, e, mesmo assim, nossa relação floresceu.

6. Rumo à Índia, com Nancy, para a tese de doutorado

Por que o professor Samuelson me fez perguntas a respeito da teoria do valor do trabalho no meu exame de doutorado no MIT? Porque eu havia desenvolvido ávido interesse pela economia do trabalho durante meus estudos de doutorado. Eu sempre sentira profunda compaixão pela classe trabalhadora, da qual meus pais tinham vindo, e ficava até mesmo zangado com o abismo exagerado existente entre os ricos e os pobres, que parecia estar se tornando cada vez pior. Eu duvidava que os trabalhadores recebessem uma remuneração justa por seu trabalho; a maioria certamente não recebia um salário digno. Então, decidi abordar as questões trabalhistas em minha área de pesquisa. Eu também queria identificar o papel dos sindicatos na reparação da desigualdade de renda. A maneira como a direção lida com o trabalho é um tema eterno. Hoje, os funcionários do McDonald's protestam porque a empresa está comprando outro avião particular caríssimo em vez de aumentar seus salários.

MINHAS AVENTURAS EM MARKETING | 29

Meu orientador no MIT era o professor Charles A. Myers, uma autoridade mundial nas áreas de economia industrial e do trabalho. Myers estava trabalhando em um importante projeto de pesquisa — criado pela Fundação Ford — cujo propósito era examinar as condições e o pagamento efetivo dos trabalhadores, além do papel dos sindicatos nos países em desenvolvimento. Ele estava nesse projeto com outros eminentes professores — Clark Kerr, da Universidade da Califórnia, em Berkeley, Fred Harbison, da Universidade de Chicago, e John Dunlop, da Universidade Harvard.

Na primavera de 1955, Myers me convidou para participar do projeto e ir à Índia no outono desse mesmo ano.* Minha única preocupação era a maneira como Nancy iria reagir a esse plano porque havíamos nos casado no dia 30 de janeiro daquele ano.

Imediatamente discuti a oportunidade com ela. Nancy ainda estudava na Faculdade Radcliffe e começaria o terceiro ano em setembro. Ela já havia lido vários livros sobre a Índia, entre eles *Uma passagem para a Índia*, de E. M. Forster. Ela disse que ficaria encantada em ir à Índia comigo, acrescentando que seria o lugar ideal para nossa lua de mel. Nancy trancou a matrícula durante um ano em Radcliffe e partimos juntos para a Índia.

Voamos de Boston para Bombaim via Londres e Karachi, e começamos a conhecer o mundo. Eu só tinha viajado uma vez para o exterior, em 1954, quando passei sessenta dias viajando sozinho como turista, em visita a vinte cidades

---

*O autor está no Hemisfério Norte. No Hemisfério Sul seria: "No outono de 1955, Myers me convidou para participar do projeto e ir à Índia na primavera desse mesmo ano", já que as estações são invertidas nos dois hemisférios. O leitor brasileiro deverá considerar, ao longo do livro, que as estações são invertidas em relação ao seu ponto de vista. (*N. da T.*)

30 | PHILIP KOTLER

europeias, com destaque para Londres, Paris, Roma, Copenhagen, Viena, Budapeste e Cannes.

A jornada nos conduziu a uma parte completamente diferente do mundo para a qual não estávamos preparados: crianças mendicantes, pessoas dormindo nas ruas, vacas que perambulavam livremente e o cheiro de especiarias exóticas pairando no ar.

O tema principal de minha pesquisa era se pagar salários mais elevados aos trabalhadores indianos faria com que sua produtividade melhorasse. Minha hipótese era que as companhias indianas atrairiam trabalhadores mais capazes, os quais, então, poderiam viver e comer melhor, manter os filhos na escola e pagar por uma consulta médica, caso necessário. Parti do princípio de que os trabalhadores gastariam a renda adicional com comida e educação, e teriam uma vida melhor.

No entanto, minha hipótese não foi respaldada por meus dados. A realidade é que, quando recebiam salários mais elevados, muitos indianos abandonavam o emprego e voltavam para sua aldeia de origem, enquanto outros gastavam o dinheiro com jogo, bebida e prostitutas. As esposas tentavam receber diretamente o salário do marido e administrá-lo antes que ele gastasse tudo. Naquela época, eu sabia muito pouco a respeito da realidade.

Depois de passar três meses em Bombaim, Nancy e eu nos mudamos para Délhi. Conhecemos vários acadêmicos indianos (como Subbiah Kannappan) e alguns conterrâneos que estavam estudando a economia indiana (como Leon V. Hirsch). Conhecemos dois norte-americanos, Larry e Terry, que tinham um fusquinha, e adoramos viajar com eles para ver o Taj Mahal, em Agra, e a fabulosa cidade de Jaipur. Eles se juntaram a nós quando nos mudamos para

MINHAS AVENTURAS EM MARKETING | 31

Délhi, capital da Índia, onde dividimos uma pequena casa com uma empregada. Era inverno e fazia bastante frio, mas gostamos de estar com outro jovem casal e de ter uma casa. Ficamos em Délhi durante três meses e depois fomos passar outros três meses em Calcutá. O centro da cidade é magnífico, com monumentais prédios britânicos, mas, em todos os outros lugares, a pobreza era terrível e as pessoas dormiam nas ruas à noite. Continuei a colher meus dados. Nancy, que gostava de usar sari e conhecer pessoas, começou a ter problemas com a comida e perdeu peso. Ela consultou alguns médicos, que lhe disseram que talvez devesse voltar para os Estados Unidos antes de eu terminar minha pesquisa, de modo que ela deixou a Índia um mês antes de mim e pôde se recuperar. Eu continuei a trabalhar na minha pesquisa e, finalmente, voltei para Boston em agosto de 1956.

Embora eu não tenha conseguido provar minha hipótese, minha pesquisa continha muitas observações novas. Então, apresentei meu relatório ao comitê do MIT e obtive a aprovação da banca. Como resultado, recebi o grau de doutorado em economia e me formei no MIT em setembro de 1956.

Comecei a procurar um cargo como professor de economia do trabalho, mas logo aconteceu algo que me inspirou a mudar minha área de pesquisa.

7. Lecionando na Universidade Roosevelt e depois estudando matemática avançada em Harvard durante um ano

Com a chegada da década de 1960, os Estados Unidos tiveram de enfrentar muitos problemas, em especial a Guerra do Vietnã e a crescente preocupação no país com problemas sociais, como a poluição ambiental, a discriminação racial e os direitos das mulheres. Os jovens estavam mudando com a ascensão dos Beatles, e tanto a cultura hippie quanto a contracultura competiam com a ordem estabelecida.

Nancy e eu nos mudamos para Chicago e comecei a procurar um cargo de professor. Minha primeira escolha era a Universidade Northwestern ou a Universidade de Chicago, mas nenhuma das duas tinha vaga.

Enquanto eu pensava a respeito de outras faculdades, interessei-me pela Universidade Roosevelt, uma instituição com ideais elevados, fundada com o apoio de Eleanor Roosevelt, esposa de Franklin Roosevelt, o 32º presidente

MINHAS AVENTURAS EM MARKETING | 33

dos Estados Unidos. Então, aceitei a oferta da Roosevelt de uma cadeira de professor assistente no departamento de economia. Entre os professores desse departamento estava o eminente professor Abba Lerner, descrito como o "Milton Friedman da Esquerda". Eu gostava de trabalhar com o professor Walter Weisskopf, que trazia pontos de vista filosóficos e humanos para a economia. Weisskopf estava na vanguarda das críticas à então predominante tendência na economia de pressupor uma tomada de decisões maximizante por parte de todos os consumidores, produtores e distribuidores, como se ela se assemelhasse à física newtoniana. Tanto Weisskopf quanto Lerner fugiram para os Estados Unidos, mal conseguindo escapar das atrocidades dos nazistas, e eu me senti emocionalmente atraído por eles e por suas histórias.

Eu gostava de dar aulas para os alunos da Universidade Roosevelt. Muitos pertenciam à primeira geração que foi para a faculdade na esperança de alcançar o Sonho Americano. Como estávamos na mesma faixa etária, desenvolvi um relacionamento cordial e amistoso com eles.

No meu segundo ano na Roosevelt, ouvi dizer que a Fundação Ford planejava selecionar cinquenta jovens professores de economia e enviá-los para Harvard, a fim de estudar matemática avançada. A Fundação Ford queria aprimorar o ensino de gestão baseando-o mais na matemática e nas ciências sociais. Os dirigentes norte-americanos sentiam a crescente necessidade de usar mais análise matemática ao tomar decisões sobre questões complexas.

Tive a sorte de ser escolhido como um dos cinquenta jovens acadêmicos promissores. Isso implicava que Nancy e eu nos mudássemos nesse período para Boston, onde residia sua família, de modo que ela ficou feliz.

34 | PHILIP KOTLER

Os professores selecionados para o programa da Fundação Ford vinham de várias áreas, incluindo contabilidade, finanças, estratégia de negócios, operações, recursos humanos e marketing. Optei por passar a parte maior do tempo com os professores especializados em marketing, entre os quais estavam Frank Bass, Ed Pessemier, Robert Buzzell, Jerry McCarthy e Bill Lazer. Mais tarde, eles vieram a conquistar ótima reputação na área de marketing. Fiz essa escolha porque queria saber como os mercados e os mecanismos de precificação realmente funcionavam. Naquela época, os estudos em economia descreviam e analisavam de modo abstrato a fixação de preços e a produção em função da oferta e da procura, mas isso nunca me satisfez por completo.

Alguns leitores poderão pensar que *economia* e *marketing* são duas áreas de estudo diferentes, mas isso não é verdade.

O marketing é uma área da economia aplicada que examina como os preços dos produtos são efetivamente determinados enquanto eles passam por diferentes estágios que envolvem os produtores, os atacadistas e os varejistas. Os economistas pouco tinham a dizer a respeito disso. Eles também tinham pouco a dizer sobre como a demanda é influenciada pela propaganda, por atividades de promoção de vendas, características dos produtos, merchandising e outras ferramentas de marketing. Os economistas tradicionais diziam que essas ferramentas simplesmente deslocam a curva da demanda para cima, sem acrescentar muita análise.

O fato de eu ingressar no grupo de marketing me influenciou de duas maneiras. Em primeiro lugar, comecei a pensar em deslocar meu interesse principal de pesquisa da economia do trabalho para a economia de mercado. Em segundo, fiquei profundamente convencido da importância

MINHAS AVENTURAS EM MARKETING | 35

vital da matemática para melhorar a qualidade da tomada de decisões em economia e marketing. Comecei a pensar em escrever meu primeiro livro, que teria o título *Marketing Decision Making: A Model-Building Approach* [Tomando decisões no marketing: uma abordagem de construção de modelos, em tradução livre].

8. O ingresso na Escola Kellogg de Administração, na Universidade Northwestern

O ano que passei estudando matemática avançada em Harvard, 1960, levou-me a escrever um livro diferente daquele que eu planejava até então. A mudança se deveu, em parte, ao professor Donald Jacobs, da Universidade Northwestern, que também participou do programa da Fundação Ford em Harvard. Don e eu nos tornamos amigos durante o programa. Quando voltei para Chicago, a fim de retomar minhas aulas na Universidade Roosevelt, Don me telefonou perguntando se eu estaria interessado em lecionar na Escola de Pós-graduação em Administração [Graduate School of Management] da Universidade Northwestern (mais tarde o nome da escola foi alterado para Escola Kellogg de Administração [Kellogg School of Management], devido a uma grande doação de um dos membros da família Kellogg, não da empresa Kellogg). Fiquei entusiasmado com o convite, e Nancy concordou que esse seria um grande passo.

MINHAS AVENTURAS EM MARKETING | 37

Tive uma reunião com o então reitor, Richard Donham, e conversamos bastante a respeito da Escola de Negócios da Northwestern. Pouco depois, recebi outro telefonema de Don Jacobs, no qual ele me disse que eu fora contratado e que poderia começar a lecionar no outono de 1961. Don acrescentou que eu teria apenas de tomar uma decisão: dar aulas de economia empresarial ou de marketing. Ele sabia muito bem que eu não tinha estudado marketing formalmente, mas disse que isso, sem dúvida, era uma vantagem, pois eu conferiria uma nova perspectiva ao marketing exatamente porque minha formação não era nessa área. Ele acrescentou que a economia era uma disciplina já bastante desenvolvida e que a chance de eu adicionar uma teoria original não era tão grande quanto a de fazer o mesmo em marketing. Don via o marketing como uma disciplina subdesenvolvida que merecia ser atacada por um economista bem-preparado. Eu disse a Don que tomaria minha decisão depois de me reunir com o corpo docente do departamento de marketing da instituição.

Primeiro conheci o professor Stuart Henderson Britt, um acadêmico fascinante que havia escrito abundantemente sobre teoria em psicologia e publicidade. Stuart parecia mais britânico do que norte-americano, embora viesse de Fulton, Missouri. Ele explicou o papel da publicidade da seguinte forma: "Fazer negócio sem publicidade é como piscar para uma garota no escuro. Você sabe o que está fazendo, só que ninguém mais sabe." Stuart também gostava de fazer brincadeiras. Lembro-me de que ele dirigia seu Rolls-Royce com um boneco ao seu lado, que tomava conta do carro quando ele estacionava para fazer alguma coisa. Recordo-me também do dia em que fui a uma festa em sua casa, toquei a

38 | PHILIP KOTLER

campainha e um grito saiu do interfone. Era difícil saber o que aconteceria em seguida na casa dele.

Em um segundo momento, conheci Harper Boyd, Ralph Westfield e Richard Clewett. Os três tinham ótima reputação no mundo acadêmico de marketing, tendo descrito muitos casos de ensino no estilo de Harvard em estratégia e pesquisa de marketing, todos baseados em empresas às quais haviam prestado consultoria. Mais interessante ainda era o fato de que todos viajaram para o exterior e fizeram estudos relevantes sobre como o marketing era praticado em países como Egito, Turquia, Hungria e outros. Eu estava muito interessado em aprender a respeito da prática do marketing ao redor do mundo. Também fui apresentado a Sidney J. Levy, que havia ingressado no departamento um ano antes. Sidney estudara ciências sociais na Universidade de Chicago e tinha sido membro da Social Research, aplicando seu conhecimento na análise do comportamento do consumidor. Sidney causou em mim uma impressão profunda, por termos grande afinidade. É desnecessário dizer que a minha experiência ao conhecer esses membros importantes do departamento de marketing foi mais do que suficiente para que eu decidisse como responder à pergunta de Don: eu dedicaria meu futuro a ajudar a moldar a teoria e a prática do marketing em vez de ensinar economia.

Nunca me arrependi dessa decisão. Nosso departamento de marketing cresceu, em grande medida, por termos recrutado pessoas com doutorado em ciências sociais e matemática. Gerald Zaltman, formado em sociologia, ingressou no departamento e trouxe consigo um profundo entendimento da difusão da teoria da inovação e, posteriormente, do papel das metáforas na tomada de decisões dos consumidores.

MINHAS AVENTURAS EM MARKETING | 39

Lou Stern, que se revelou um excelente professor, ingressou em nosso departamento vindo da Universidade Estadual de Ohio e trouxe consigo um profundo conhecimento teórico e prático dos canais de marketing. Alice Tybout e Brian Sternthal também vieram para o departamento e trouxeram um grande conhecimento do comportamento do consumidor e da teoria da publicidade. Mohan Sawhney, da Faculdade de Wharton, da Universidade da Pensilvânia, tornou-se nosso especialista em tecnologia e mídia social, tendo prestado consultoria a muitas empresas sobre a nova mídia. Andy Zoltners e Sinha Prabha aplicaram o raciocínio matemático ao aperfeiçoamento da tomada de decisões da equipe de vendas. Mais tarde, Zoltners veio a escrever três dos melhores livros sobre gestão de vendas. Robert Blatberg, da Universidade de Chicago, se juntou a nós e ajudou a promover a teoria da tomada de decisões no varejo e a medir o valor vitalício do cliente. James Anderson trouxe um profundo conhecimento de negócios para o marketing empresarial e escreveu um importante manual B2B nessa área, além de publicar mais de cinco artigos bastante elogiados na *Harvard Business Review.* John Sherry e Robert Kuznets, ambos antropólogos, realizaram interessantes pesquisas etnográficas sobre o comportamento do consumidor. Stanley Stasch fez um trabalho original ao promover nosso entendimento acerca dos sistemas de informação do consumidor. Dipak Jain se juntou a nós mais tarde e aplicou a teoria matemática avançada à compreensão do desenvolvimento de novos produtos, e, como professor, obteve nota máxima nas avaliações dos alunos (vindo a se tornar, posteriormente, nosso reitor).

Eu ainda tinha de decidir se terminaria o livro que estava escrevendo, *Marketing Decision Making: A Model-Building Ap-*

40 | PHILIP KOTLER

proach [Decisões em marketing: a abordagem da construção de modelos, em tradução livre]. Esse livro seria claramente minha contribuição para a teoria econômica como *economista de mercado*, e não como *macroeconomista* ou *microeconomista*. Também havia a possibilidade de eu escrever um livro diferente que me fora proposto por Frank Enenbach, um conhecido profissional de vendas da editora Prentice-Hall (Pearson).

9. A decisão de escrever *Administração de marketing*

Depois de ingressar na Escola Kellogg de Administração, em 1963, recebi a visita de Frank Enenbach, um profissional de vendas excepcionalmente talentoso da Prentice-Hall. Ele queria publicar meu primeiro livro, então mostrei a ele a versão preliminar de *Marketing Decision Making: A Model-Building Approach*. Enenbach me deu o seguinte conselho: "Esta será uma contribuição original ao marketing, mas não deveria ser seu primeiro livro. Você deveria escrever, primeiro, uma espécie de manual com uma abordagem inovadora do marketing." O livro que eu começara a escrever era de nível elevado, e não voltado a um público mais amplo. Frank disse: "Se você escrever um excelente manual, conquistará um número muito maior de leitores e será recompensado com um retorno financeiro melhor." Essa ideia fez sentido para mim, já que eu não estava satisfeito com nenhum dos manuais existentes.

42 | PHILIP KOTLER

A maioria dos manuais da época continha descrições detalhadas de canais de marketing, gestão de vendas, publicidade e promoção de vendas, bem como outros assuntos. Poucos apresentavam abordagens analíticas da tomada de decisões de marketing. Além disso, os resultados de pesquisas e a metodologia que eles apresentavam eram superficiais e deixavam de colocar os clientes no centro do universo do marketing.

Pelos dois anos seguintes, trabalhei na preparação de *Administração de marketing*, que foi publicado em 1967. Vinte e nove anos depois, o jornal britânico *Financial Times*, na edição de 9 de dezembro de 1996, p. 14, citou *Administração de marketing* como um dos cinquenta melhores livros de negócios de todos os tempos, com *A riqueza das nações* de Adam Smith encabeçando a lista.

Ao escrever *Administração de marketing*, baseei-me em quatro disciplinas fundamentais: ciências sociais, economia, comportamento organizacional e matemática. A fim de ilustrar os princípios fundamentais do marketing, incluí no livro muitos estudos empíricos e estudos de casos. Expliquei que existem quatro tipos de organização comercial: aquelas voltadas à produção, as voltadas às vendas, as centradas no marketing (consumidores) e aquelas voltadas para a sociedade. Também enfatizei que as empresas deveriam se concentrar nos clientes e compreender suas necessidades, sua maneira de pensar, seus gostos e suas preferências. Disse, ainda, que as empresas deveriam se preocupar com a maneira como seus produtos afetavam o bem-estar dos cidadãos.

Eu não tinha a menor ideia se esse novo livro seria um fracasso total ou um grande sucesso. Ele acabou se revelando

MINHAS AVENTURAS EM MARKETING | 43

um sucesso. Mas o que me deixou mais feliz foi o fato de a obra ter ajudado o marketing a ser reconhecido como uma disciplina legítima e ter promovido sua imagem como campo de estudo. A previsão de Frank estava certa, e o livro rapidamente se tornou a primeira escolha das universidades em todo o mundo.

O marketing não se resume apenas a distribuir cupons, publicar anúncios e organizar grandes promoções. Sua importância consiste em criar um sólido plano de marketing baseado nos 4Ps — Produto, Preço, Praça (distribuição) e Promoção — e ser capaz de implementar e controlar sua execução.

É típico do marketing que novos conceitos, teorias, tipos de prática e casos continuem a surgir com o tempo. A cada três anos, preparo uma nova edição de *Administração de marketing*, em resposta às rápidas mudanças nesse campo e na sociedade. O famoso livro-texto de Paul Samuelson sobre economia teve dez edições. Quando acabei de escrever a décima edição de *Administração de marketing*, convidei Kevin Keller, um dos principais especialistas em branding do mundo, para ser meu coautor. *Administração de marketing* está agora firme e forte na 14ª edição, e estamos preparando a 15ª.

Finalmente terminei e publiquei *Marketing Decision Making* em 1970, e o livro foi adotado em algumas das principais escolas de negócios tanto nos Estados Unidos quanto no exterior.

Posteriormente, comecei a preparar a obra *Princípios de marketing* para ser estudada nas escolas de graduação mais rigorosas no ensino do marketing, e *Marketing: An Introduction* [Marketing: uma introdução, em tradução livre] para as escolas menos exigentes. Depois de escrever as primeiras

44 | PHILIP KOTLER

edições, convidei um ex-aluno, o professor Gary Armstrong, da Universidade da Carolina do Norte, para ser meu coautor, e ele fez um excelente trabalho.

Enquanto escrevia esses dois livros, envolvi-me com uma nova ideia a respeito de como expandir o conceito de marketing.

10. Observações sobre a origem e a evolução do marketing

A ideia de persuadir alguém a fazer algo remonta à história bíblica de Adão e Eva e a serpente. O animal convence Eva a fazer Adão comer a maçã embora o fruto fosse proibido.

As técnicas de persuasão têm uma longa história. Na Grécia Antiga, grandes oradores, como Demóstenes e Péricles, usavam sua eloquência e sua capacidade de persuasão para influenciar a estratégia e a elaboração de políticas em Atenas. Aristóteles apresentava teorias brilhantes sobre como a retórica e a lógica podiam ser usadas no discurso para convencer, as quais causavam profunda influência nos oradores, escritores e outras pessoas envolvidas com a persuasão.

As negociações e as vendas na antiga Atenas tinham lugar na ágora, a praça onde as pessoas se reuniam. Na Idade Média, as cidades organizavam dias de mercado aberto que funcionavam como importantes eventos nas comunidades.

46 | PHILIP KOTLER

Embora a atividade comercial tenha uma longa história e o termo "mercado" fosse habitualmente usado, a palavra "marketing" de fato só surgiu na literatura profissional por volta de 1905-1910. Vários economistas insatisfeitos, de orientação institucional, observaram que a oferta, a procura e o preço não eram os únicos fatores decisivos que influenciavam a compra e a venda dos produtos. Na ocasião, esses estudiosos ressaltaram que a demanda é influenciada por outros fatores além do preço, especialmente pela propaganda, pelas equipes de vendas e pelas promoções de vendas. Também salientaram que muitas instituições estão envolvidas nas atividades de mercado, como atacadistas, distribuidores, varejistas, intermediários, agentes, agências de publicidade, empresas de pesquisa de mercado e de relações públicas. Os primeiros manuais de marketing surgiram no início do século XX, escritos por economistas que desejavam expor, de forma mais realista, a maneira como os mercados efetivamente funcionavam.

A maioria das empresas conduzia suas atividades de "venda" por meio de um departamento de vendas. Para melhorar a eficácia comercial, as companhias, ocasionalmente, contratavam alguém para fazer uma pesquisa de mercado, encontrar leads de clientes ou, ainda, criar prospectos e anúncios. As pessoas que reuniam essas habilidades frequentemente eram alocadas em grandes departamentos de vendas.

A ideia de criar um departamento de marketing surgiu mais tarde nas grandes empresas de consumo, enquanto desenvolviam diferentes marcas e contratavam gerentes de marca (ou de produto). Os gerentes de marca precisavam ter acesso a pesquisadores de marketing, agências de publicidade e gerentes de segmentos de mercado, o que fez com que o departamento de marketing crescesse.

MINHAS AVENTURAS EM MARKETING | 47

Observe que o departamento de marketing era separado do departamento de vendas. Sua missão era ajudar as equipes de vendas a realizar melhor seu trabalho em decorrência de uma pesquisa de marketing mais aprimorada e de maior apoio promocional. Com o tempo, o departamento de marketing assumiu a responsabilidade de desenvolver os planos de marketing que tomavam decisões sobre os 4Ps — Produto, Preço, Praça (distribuição) e Promoção. O plano de marketing tinha de definir os 4Ps de modo a atender às expectativas de vendas, custos e lucro.

Às vezes, surgiam conflitos entre o pequeno departamento de marketing e o grande departamento de vendas. O plano de marketing definia as características e o preço dos produtos que conduziam às cotas de vendas para os profissionais. Estes últimos, frequentemente, reclamavam que o marketing havia estabelecido preços altos demais ou que suas cotas eram irreais de tão elevadas. Os profissionais de vendas reclamavam, ainda, que os anúncios eram fracos, os prospectos não tinham graça e a pesquisa de marketing se mostrava insípida. Era preciso abordar essa falta de cooperação entre os departamentos de venda e de marketing. A primeira exigência era que o chefe do marketing e o chefe de vendas trabalhassem juntos. A segunda era que o departamento de vendas participasse do desenvolvimento do plano de marketing para que as metas e tarefas fossem aceitas pelo departamento de vendas.

Embora o marketing tenha se firmado primeiro nas grandes empresas de consumo de bens não duráveis, logo se estendeu às companhias do tipo empresa para empresa (equipamento industrial e commodities), depois, para empresas de serviços (companhias aéreas e hotéis) e, finalmente, para organizações sem fins lucrativos, como museus,

48 | PHILIP KOTLER

grupos de teatro e organizações de serviço social. Cada um desses tipos de organização moldou seus departamentos de marketing de modo a atender às suas diversas necessidades.

O processo de marketing pode ser descrito como:

$$R \rightarrow STP \rightarrow 4Ps \rightarrow I \rightarrow C$$

O marketing começa com R ou *pesquisa* [*research*] de mercado. A pesquisa conduz à STP. A *segmentação* requer a distinção entre os diferentes grupos de clientes no marketing. O *alvo* [*targeting*] exige a decisão quanto a que grupo ou grupos a organização de marketing deveria buscar e atender. E o *posicionamento* requer que seja transmitida ao mercado-alvo escolhido uma mensagem clara acerca dos objetivos definidos que a organização está oferecendo a ele. Em seguida, a empresa desenvolve um plano 4Ps separado para cada um dos segmentos de mercado escolhidos. Posteriormente, a companhia implementa (I) o plano. Finalmente, colhe o feedback (C corresponde a controle), a fim de aprimorar os 4Ps para a ocasião seguinte em que vier a atender esse mercado-alvo.

11. A expansão do marketing

Um dos encantos da minha profissão é a oportunidade de conhecer excelentes acadêmicos em diferentes áreas. Sidney J. Levy, já mencionado neste livro, é uma dessas pessoas. Sidney recebeu seu Ph.D. na Universidade de Chicago em 1956 e, depois de trabalhar para uma empresa de pesquisas sociais, começou a lecionar na Escola Kellogg de Administração da Universidade Northwestern. Em pouco tempo nos tornamos amigos. Sidney observava habilmente o comportamento humano, e nós começamos a discutir a possibilidade de aplicar o marketing fora do mundo dos negócios. Isso aconteceu na década de 1960, quando a maioria dos acadêmicos de marketing havia se especializado em mercados específicos, como automóveis, eletrodomésticos, brinquedos, habitação e vestuário.

Afirmávamos que o conceito do marketing poderia ser aplicado a lugares (cidades, regiões, países), pessoas (produzir celebridades), ideias (igualdade de gênero) e convicções (comer alimentos

50 | PHILIP KOTLER

nutritivos, fazer exercícios). Publicamos nossa opinião em um artigo de 1969 intitulado "Broadening the Concept of Marketing" ["Expandindo o conceito de marketing", em tradução livre]. No entanto, alguns acadêmicos influentes da área disseram que não haviam gostado da nossa posição, afirmando que expandir o âmbito do marketing causaria confusão e prejudicaria a definição do conceito.

Como estávamos convencidos de que expandir o âmbito do marketing instilaria vida nova à disciplina, decidimos pedir aos professores que colocassem a questão em votação. Eles acolheram nosso pedido e, felizmente, a grande maioria foi favorável ao nosso ponto de vista. Sidney e eu comemoramos esse resultado.

Na ocasião, ainda não se sabia se a expansão do marketing traria novas ideias e se a estrutura 4Ps também seria eficaz nas outras áreas. Esperávamos, também, que isso conduzisse a novos conceitos e teorias que pudessem ser reimportados pelo marketing comercial. Eu estava esperançoso de que vários problemas de marketing seriam esclarecidos.

Acima de tudo, eu esperava que pessoas de diferentes áreas de estudo, que até então não haviam pensado a respeito do marketing, passassem a ter interesse em aprender mais a esse respeito. Por exemplo, se os administradores dos museus de arte, que acreditavam que sua função era, principalmente, vender ingressos e recolher doações, ampliassem seus horizontes e compreendessem que a essência de seu trabalho era comercializar um bom "produto" e criar uma elevada satisfação dos visitantes, eu me sentiria recompensado.

MINHAS AVENTURAS EM MARKETING | 51

Decidi dedicar vários anos ao estudo de novos "mercados", nos quais o marketing poderia ser aplicado. Trabalhei com meu irmão Neil Kotler e escrevemos *Museum Strategy and Marketing*, que veio a se tornar um clássico da museologia. Escrevi *Standing Room Only: Strategies for Marketing the Performing Arts* [Somente sala de espera: estratégias para o marketing das artes performáticas, em tradução livre] junto com Joanne (Sheff) Bernstein, uma ex-aluna. Esses dois livros constituíram o que chamei de Marketing Cultural. Colaborei com Irving Rein e Don Haider na escrita de *Marketing Places: Attracting Investment, Industry and Tourism to Cities* [Marketing de lugares: atraindo investimento, indústria e turismo para cidades, em tradução livre]. Também colaborei com Irving Rein na pesquisa e redação de *High Visibility* [Alta visibilidade, em tradução livre], livro a respeito da atividade de criar celebridades. Eu estava seguro de que todos esses setores seriam beneficiados com a aplicação do conceito do marketing.

No que dizia respeito à religião, tínhamos consciência de que a introdução do marketing nessa área suscitaria críticas. Escrevi *Marketing for Congregations: Choosing to Serve People More Effectively* [Marketing para congregações: escolhendo servir as pessoas de maneira mais eficaz, em tradução livre] com meu ex-aluno Bruce Wrenn e duas outras pessoas (a edição subsequente foi intitulada *Building Strong Congregations* [Construindo congregações fortes, em tradução livre]). Mostramos que as organizações religiosas poderiam atrair, manter e aumentar o número de membros ao compreender suas necessidades e se reunir com eles por meio da fé e da prática de atividades religiosas. Aplicamos o conceito de marketing de STP — S (segmentação), T (alvo [*targeting*]) e P (posicionamento) — antes de empreender o trabalho de definir os 4Ps, o que foi altamente eficaz.

Expandir o mercado para novas áreas foi um processo instigante e repleto de aventura. Meu novo interesse estava agora voltado para a aplicação do marketing aos problemas sociais.

12. O surgimento da área do marketing social

O marketing pode desempenhar um papel relevante na vida das pessoas além de simplesmente fornecer a elas uma crescente variedade de produtos e serviços? A humanidade é assolada por inúmeros problemas, entre os quais estão a pobreza, a fome, doenças, poluição e degradação ambiental. As ferramentas e os princípios do marketing podem afetar de alguma maneira essas áreas problemáticas?

O professor Gerald Zaltman (que mencionei anteriormente) e eu analisamos esse assunto quando éramos jovens mestres na Escola Kellogg de Administração em 1971. G. D. Wiebe havia levantado uma questão interessante muitos anos antes: "Por que não podemos vender fraternidade como vendemos sabão?" (G. D. Wiebe, "Merchandising Commodities and Citizenship on Television", *Public Opinion Quarterly*, inverno, 1951-52, p. 679.) O marketing pode ser usado para vender ideias como fraternidade, paz, exercitar-se regularmente, comer mais alimentos nutritivos, dizer não às drogas? Quanto

54 | PHILIP KOTLER

mais pensávamos a esse respeito, mais entusiasmados ficávamos com as possibilidades de desenvolver uma área que pudéssemos chamar de "marketing social".

O marketing é considerado um assunto comercial. Em alguns textos anteriores, eu fizera alusão a "marketing da sociedade", querendo dizer que os profissionais de marketing deveriam considerar o impacto de suas atividades para o bem-estar da sociedade. Como o estímulo para que os consumidores gastassem mais afetou nossos recursos disponíveis e a qualidade de nosso ar e de nossa água? Deveriam ter sido impostos limites ao "crescimento econômico"?

Zaltman e eu estávamos examinando uma questão mais ampla, ou seja, se o marketing poderia ser usado para persuadir as pessoas a adotar comportamentos que seriam melhores para elas, para sua família e amigos, e também para a sociedade em geral. Decidimos chamar essas ações de "marketing social", como uma abreviação de "marketing da causa social". Mal sabíamos que, mais tarde, o marketing social seria confundido com "marketing da mídia social", expressão que alguns praticantes do marketing da mídia social reduzem hoje para marketing social.

Publicamos nossas ideias no artigo "Social Marketing: An Approach to Planned Social Change", *Journal of Marketing*, em julho de 1971 (vol. 35, número 3, pp. 3-12). O artigo despertou muita atenção e ganhou o Prêmio da Fundação Alpha Kappa Psi de melhor artigo publicado em 1971 no *Journal of Marketing*.

Senti que havia muito mais a ser dito a respeito do marketing social, de modo que convidei Ned Roberto, um brilhante aluno de doutorado, que viera das Filipinas para ser meu coautor no primeiro livro que escrevi sobre marketing social, *Social Marketing: Improving the Quality of Life* [Marketing

MINHAS AVENTURAS EM MARKETING | 55

social: melhorando a qualidade de vida, em tradução livre]. As ideias do marketing social foram inicialmente aplicadas de forma visível ao problema da superpopulação e ao desafio de levar as famílias a planejar com mais cuidado quantos filhos teriam. O "controle da natalidade" foi rebatizado de "planejamento familiar". Testemunhamos os esforços da Índia para convencer as famílias rurais a ter menos de seis filhos, o que era o padrão, tendo em vista que três poderiam morrer e um dos sobreviventes teria de ser do sexo masculino. A Índia experimentou muitas táticas, dentre as quais a de exibir filmes à noite nas aldeias para evitar que os pais tivessem relações sexuais apenas por não terem outra coisa para fazer, distribuir preservativos e recomendar com insistência que os homens se esterilizassem para que não precisassem usar preservativos.

Outros países tentaram soluções diferentes. O Dr. Mechai Viravaidya, da Tailândia, promoveu o uso de preservativos enchendo-os de ar e transformando-os em balões, distribuindo-os em restaurantes e encenando publicamente a questão do sexo seguro e da prevenção de HIV/Aids. Ele era conhecido como o "Rei do Preservativo", tendo até mesmo convencido o McDonald's a distribuí-los, ajudando também a disponibilizá-los nas cabines de pedágio, bancos e hotéis. Viravaidya convenceu, inclusive, os monges tailandeses a abençoar os preservativos para que os cidadãos soubessem que o uso não teria efeitos adversos. Em consequência, a taxa de fertilidade da Tailândia caiu substancialmente nos anos seguintes.

O segundo problema crucial abordado pelo marketing social foi o hábito de fumar. As evidências de que o fumo abreviava a vida por causar câncer de pulmão e ataques cardíacos eram claras. O diretor de Saúde Pública dos Estados

56 | PHILIP KOTLER

Unidos organizou uma campanha contra o fumo que contou com a participação de muitas organizações de saúde. Diversas campanhas foram projetadas e destinadas a diferentes grupos de fumantes, a fim de ajudá-los a evitar o fumo ou a parar de fumar. Acreditamos que o marketing social tenha contribuído enormemente para uma redução substancial do número de fumantes.

A grande aplicação seguinte teve como foco a epidemia de HIV/Aids que estava se espalhando. Nesse caso, o desafio consistia em recomendar aos homossexuais que fizessem o teste e evitassem o sexo com parceiros desconhecidos. Em 1986, o então diretor da Saúde Pública, C. Everett Koop, enviou informações pelo correio a todas as unidades familiares norte-americanas explicando o que era a Aids e seus riscos. Essa e outras propagandas convenceram mais jovens a fazer o teste e a ter cuidado no seu comportamento sexual.

Eu tive a sorte de, alguns anos depois, conhecer Nancy R. Lee. Nancy, que reside em Seattle, é profissional do marketing social e presta consultoria a clientes em campanhas destinadas a melhorar a vida das pessoas. Na ocasião, convidei Nancy a se juntar a mim e a Ned na preparação de uma segunda edição de *Social Marketing*, e, com sua mente habilidosa e vasta experiência, o marketing social ganhou nova vida. *Social Marketing* está hoje na quarta edição e é o livro mais adotado pela academia nessa disciplina.

Começamos a compreender que outras pessoas já vinham trabalhando no marketing social. Bill Novelli era um dos sócios da agência de publicidade Porter and Novelli, especializada em causas sociais, e mais tarde se tornou

MINHAS AVENTURAS EM MARKETING | 57

diretor executivo da AARP (American Association of Retired Persons). Bill Smith e Craig Lefebvre também estavam organizando campanhas de marketing social.

Nossos livros ajudaram a atrair mais pessoas, que se interessaram por ingressar e se especializar na área do marketing social. O professor Alan Andreasen, da Universidade de Georgetown, e outros organizaram encontros de marketing social com o Centro para o Controle de Doenças, o Banco Mundial e as Nações Unidas, e o termo "marketing social" começou a se popularizar. Andreasen criou um aplicativo na internet para possibilitar que os profissionais de marketing social fizessem perguntas e compartilhassem suas experiências. Ele também é autor de *Marketing Social Change* [Mudança do marketing social, em tradução livre], no qual incluiu a ideia de que os profissionais de marketing social deveriam não apenas trabalhar com as situações de marketing social "downstream", mas também com o marketing social "midstream" (com os colegas e a família) e "upstream", para influenciar as agências e organizações que causam forte impacto no comportamento social. Por exemplo, para combater o crescente problema da obesidade, os profissionais de marketing social têm não apenas de nos convencer a comer alimentos mais saudáveis, mas também persuadir as empresas de alimentos, os restaurantes e outros grupos a reduzir a gordura, o açúcar e o sal nos alimentos e bebidas que oferecem, além de convencer as escolas a apresentarem melhores cardápios.

Entre outros profissionais de marketing social estão o professor Gerald Hastings, da Universidade de Stirlings, no Reino Unido, que realizou importantes pesquisas, especialmente na área de combate ao fumo, e que dirige um dos

58 | PHILIP KOTLER

melhores programas de treinamento em marketing social. O professor Jeff French, da Brighton Business School, no Reino Unido, trabalhou com o sistema de saúde pública inglês para treinar trabalhadores do setor de saúde pública em marketing social. A professora Carol Bryant, da Universidade do Sul da Flórida, em Tampa, organiza uma conferência anual em Marketing Social em Clearwater, Flórida. Em um dos últimos encontros, Carol perguntou se poderia criar o Prêmio Philip Kotler em Marketing Social, que seria concedido anualmente, e eu concordei. Os três prêmios entregues até o momento foram para Bill Smith, Carol Bryant e Nancy Lee.

A primeira Conferência Mundial de Marketing Social [World Social Marketing Conference] aconteceu na Inglaterra, em 2009, e reuniu mais de setecentos profissionais de marketing social. Desde então, houve outros encontros internacionais, com a formação de uma sociedade chamada International Social Marketing Association. O marketing social se tornou uma profissão com publicações e grupos reconhecidos em todo o mundo. Meu palpite é que mais de 2 mil profissionais de marketing social estão levando adiante o trabalho.

Nancy Lee e eu continuamos a escrever juntos outros livros, relacionados à melhoria do bem-estar social por meio do marketing. São eles:

1. Philip Kotler e Nancy R. Lee, *Corporate Social Responsibility: Doing the Most Good for Your Company and Your Cause* [Responsabilidade social corporativa: fazendo o melhor para sua empresa e na sua causa, em tradução livre], Wiley, 2005.
2. Philip Kotler e Nancy R. Lee, *Marketing no setor público: um guia para um desempenho mais eficaz*, Bookman, 2007.

MINHAS AVENTURAS EM MARKETING | 59

3. Philip Kotler e Nancy R. Lee, *Marketing social: influenciando comportamentos para o bem*, Bookman, 2010.
4. Philip Kotler e Nancy R. Lee, *Up and Out of Poverty: The Social Marketing Solution* [Longe da pobreza: a solução do marketing social, em tradução livre] (Filadélfia, Wharton School Publishing, primavera de 2009). (Um dos vencedores do Prêmio 800-CEO-Read Business Book de 2009.)
5. Hong Cheng, Philip Kotler e Nancy R. Lee, *Social Marketing for Public Health: Global Trends and Success Stories* [Marketing social para a saúde pública, em tradução livre], Sudbury, Ma., Jones and Bartlett, 2011.
6. Doug McKenzie-Mohr, Nancy R. Lee, P. Wesley Schultz e Philip Kotler, *Social Marketing to Protect the Environment: What Works* [Marketing social para proteger o meio ambiente: o que funciona, em tradução livre], Sage, 2012.
7. Philip Kotler, David Hessekiel e Nancy R. Lee, *Good Works! Marketing and Corporate Initiatives that Build a Better World... and the Bottom Line* [Iniciativas corporativas e de marketing que constroem um mundo melhor... e o ponto de partida, em tradução livre], Wiley, 2013. (Considerado o quarto melhor livro de marketing do ano pela *Expert Marketing Magazine – EMM*.)

Sinto muito orgulho do caminho trilhado pelo marketing social depois da publicação daquele primeiro artigo e espero que esse movimento continue a crescer e aperfeiçoar a teoria e a prática da mitigação dos problemas sociais.

Recentemente, quando dei uma palestra em Jidá, fui convidado para ir à casa de uma proeminente família da Arábia Saudita. Durante o jantar, um dos irmãos disse que esperava que eu aplicasse o marketing social a um dos problemas mais prementes do mundo, que eu claramente não havia estudado. "Que problema é esse?", perguntei. "Professor Kotler", respondeu ele, "o senhor é capaz de descobrir uma maneira de promover, de modo eficaz, a paz?"

13. Críticas e contribuições do marketing

O marketing é uma atividade humana generalizada mas, embora seja praticado por todas as empresas e por inúmeras pessoas, ainda consegue atrair críticas incessantes. Certa vez, Woody Allen comentou que "existem coisas piores na vida do que a morte. Você já passou a noite conversando com um vendedor de seguros?". Por que o marketing parece irritar um número tão grande de pessoas?

CRÍTICAS

Em primeiro lugar, há uma invasão de milhões de marcas que querem arrancar dinheiro do nosso bolso, marcas pelas quais normalmente não nutrimos o menor interesse e que não aumentariam de nenhuma maneira o nosso bem-estar. Calcula-se que estamos expostos a 5 mil comerciais por dia, sem prestar atenção à maioria deles. Essas marcas coletam informações a nosso respeito quando usamos o Facebook, o

Twitter, o YouTube, o Google, e chegam a ponto de saber tanto a nosso respeito que esperam enviar a mensagem correta, na hora e no lugar certos, para nos incentivar a comprar alguma coisa. Nós nos ressentimos da perda de nossa privacidade e, algumas vezes, temos o desejo de viver em uma sociedade livre da propaganda.

Segundo, as mensagens são exageradas ou simplesmente nos enganam. Charles Revson, da marca de cosméticos Revlon, declarou isso muito bem: "Na fábrica, fazemos o produto; na loja, vendemos esperança." Outros fazem menção ao que poderá acontecer: "Compre este conversível e as mulheres se atirarão em cima de você." Cada remédio curará a doença que descreve e cada par de sapatos possibilitará que você deslize pela vida.

As obras *Hidden Persuaders* [Persuasores ocultos, em tradução livre] e *The Status Seekers* [Aqueles que buscam status, em tradução livre], de Vance Packard, um dos mais ferrenhos críticos do marketing, estão repletas de histórias de práticas de marketing destinadas a levar as pessoas a comprarem coisas de que não precisam ou que não desejam. Ralph Nader, um dos principais fundadores do movimento de proteção ao consumidor, escreveu *Unsafe at Any Speed* [Inseguro a qualquer velocidade, em tradução livre], para expor a falta de segurança da indústria automobilística no design de muitos dos automóveis antigos.

Em terceiro lugar, o marketing parece desprezar os custos ocultos e o dano causado ao ambiente criado por nosso consumo elevado. No passado, as empresas não eram cobradas pela poluição do ar e da água que suas atividades causavam. Rachel Carson nos alertou sobre isso há muitos anos, no livro *Primavera silenciosa*, escrevendo sobre a devastação causada aos nossos rios e córregos pela utilização

MINHAS AVENTURAS EM MARKETING | 63

e pela destruição implacável de nossos recursos naturais e da fraca regulamentação da atividade da produção. Além disso, as empresas têm lucro ao atualizar continuamente seus produtos (o que os críticos chamam de "obsolescência planejada"), transformando as versões antigas dos produtos em artigos descartáveis que se amontoam nos depósitos de lixo. À medida que o nível do consumo mundial vai aumentando, os efeitos nocivos sobre o ambiente poderão tornar o planeta inabitável.

Em quarto lugar, os profissionais de marketing prestam pouca atenção às pessoas pobres no mundo (dentre os 7 bilhões de pessoas no planeta), que precisam de produtos muito mais baratos. Os pobres não têm recursos para comprar nem mesmo o frasco mais barato de xampu. Esse era o caso até que a Unilever começou a embalar o xampu em um frasco muito pequeno ou em um sachê. Mesmo com essa providência, o preço por milímetro de xampu é mais elevado do que no frasco normal. O ponto principal é que os profissionais de marketing vão para onde está o dinheiro, ou seja, principalmente, nas mãos da classe trabalhadora, da classe média e dos ricos, cujo total perfaz 2 bilhões de pessoas dentre os 7 bilhões que habitam o planeta.

Quinto, a função do marketing é aumentar o consumo, e ele faz isso aumentando a cobiça. Os profissionais de marketing atuam com base na suposição de que não há limites para os desejos humanos e de que tudo pode ser fabricado e vendido como objeto de desejo. O resultado é que muitas pessoas gastam mais do que podem, o que é consideravelmente facilitado pela onipresença dos cartões de crédito. O norte-americano típico tem uma dívida de US$15 mil no cartão e, o que é pior, paga uma taxa de juros anual média de até 15%. Os Estados Unidos, como sociedade, deixaram

64 | PHILIP KOTLER

de produzir uma ética de consumo sensata em seus consumidores. Muitas outras sociedades, especialmente as europeias e as asiáticas, têm um coeficiente poupança/gastos muito maior. Antigamente, nos Estados Unidos, estar profundamente endividado era considerado uma mancha e até mesmo um pecado. Hoje, o lema corrente é: "Compre agora, pague depois."

Sexto, os profissionais de marketing se esforçam ao máximo para diferenciar suas ofertas por meio de uma intensa propaganda e branding, cuja função é ocultar a natureza padronizada da maior parte dos lançamentos. Não há muita diferença entre a maioria das marcas de café ou de aspirina. A propaganda e o branding chegam a aumentar em torno de 10% a 20% do custo da maior parte dos produtos, mas não aumenta a categoria do produto a ponto de alterar a participação das marcas no mercado. Naomi Klein é uma crítica ferrenha do branding e apresenta muitas evidências de seu custo e de sua falsa diferenciação no livro *Sem Logo: a tirania das marcas em um planeta vendido.*

Em sétimo e último lugar, os profissionais de marketing estão prontos para vender qualquer coisa que os consumidores desejem, sem se preocupar se ela é ou não adequada para o consumo. Durante anos esses profissionais venderam cigarros e desprezaram ou negaram as evidências dos efeitos nocivos do fumo. Se as leis não tivessem proibido a venda de cigarros para menores, os profissionais de marketing desejariam que esses jovens adquirissem desde cedo o vício do fumo, levando-os a comprar cigarros ao longo dos setenta anos seguintes. Esses profissionais não levantam dúvidas a respeito da comercialização de bebidas alcoólicas para os alcoólatras ou de armas para pessoas com distúrbios mentais. Estão prontos para usar qualquer recurso que funcione, como tornar o cigarro glamouroso, mostrar pessoas se divertindo enquanto tomam cerveja e usar o medo e a falta de segurança para vender mais armas.

Vou interromper aqui a descrição das críticas ao marketing. Quero enfatizar que nem todos os profissionais da área são manipuladores, como dramatizou a série norte-americana *Mad Men*. A maioria das empresas e quase todos os profissionais de marketing exibem um nível elevado de integridade e transparência ao comercializar seus produtos e serviços. Eles estão cientes de que a falsidade e a manipulação representam um tiro que pode sair pela culatra, prejudicando sua reputação e fazendo com que percam clientes.

CONTRIBUIÇÕES

Resta-nos apenas expor o outro lado do marketing. Em outras palavras, suas contribuições. Eu ressaltaria duas importantes contribuições da teoria e da prática do marketing para a sociedade. A primeira é que o marketing elevou nosso padrão de vida e formou a classe média. Os profissionais da área, embora competissem uns com os outros, ensinaram os consumidores a querer melhores produtos e serviços e a viver uma vida mais fácil e satisfatória. A segunda é que o marketing tem sido uma grande força na geração de empregos. Se o marketing deixar de levar as pessoas a gastarem seu dinheiro, menos empregos serão criados e a economia perderá sua dinâmica. Os trabalhadores da antiga União Soviética costumavam dizer o seguinte: "Eles fingem que nos pagam e nós fazemos de conta que trabalhamos."

14. Como fazer marketing de lugares

Na condição de profissional de marketing, recebo muitos convites para prestar consultoria não apenas a empresas, mas também a cidades que desejam alcançar certos objetivos. Uma cidade pode querer atrair mais turistas, conferências, habitantes, pessoas talentosas ou um patrimônio líquido elevado. Ou, então, desejar atrair fábricas ou o escritório central e sucursais de uma empresa. Pode, ainda, querer uma campanha de branding nova e original que ajude o lugar a se tornar mais conhecido em outras partes do mundo.

Algumas cidades têm um caráter tão exclusivo que a maior parte da população mundial deseja visitá-las independentemente de qualquer estímulo ou incentivo adicional. Cidades como Roma, Paris, Veneza, Londres e algumas outras são abençoadas com uma história poderosa e inúmeras atrações turísticas.

Mas o que pode ser feito por uma cidade comum que não tenha uma história ou um caráter interessante? Como uma cidade desse tipo pode competir por atenção e recursos?

MINHAS AVENTURAS EM MARKETING | 67

Pensemos em Bilbau, na Espanha. Lembro-me de ter sido convidado para dar uma palestra em Bilbau a respeito do desafio da cidade em atrair mais visitantes. A qualidade dos prédios do lugar denotava que ela fora uma cidade próspera na década de 1920. No entanto, Bilbau não podia competir com Madri, Barcelona, Toledo, Granada ou Sevilha, as cidades espanholas que a maioria dos turistas deseja visitar. Em Bilbao, acreditava-se que a resposta seria investir em uma dispendiosa campanha publicitária. Muitas pessoas acham que a propaganda e o branding podem transformar uma cidade sem atrativos em uma estrela, mas eu adotei uma abordagem diferente. Disse ao meu público de seiscentos dirigentes e cidadãos que a publicidade e o branding custariam uma fortuna e não fariam muita diferença na atratividade de Bilbau. A cidade precisa de uma "Torre Eiffel", algo que todos no mundo desejariam ver. "Vocês têm uma cidade bonita, porém nenhuma Torre Eiffel", declarei. Eu disse que Bilbau precisava de uma grande atração, como um grande museu, um teatro ou um estádio. Por sorte, eles decidiram construir um grande museu, mas o problema foi que Bilbau não tinha uma coleção de arte notável como a encontrada no grande Museu do Prado, em Madri. Uma pessoa esperta do comitê disse que o segredo não era apenas ter uma magnífica coleção de arte, mas também ter um belo museu de arte. O comitê, então, decidiu contratar um arquiteto premiado, Frank Gehrey. Ele construiu um museu espetacular em Bilbau, que se tornou uma obra de arte que todos tinham de conhecer. A partir de então, pessoas do mundo inteiro passaram a fretar voos para ir a Bilbao contemplar o interior e o exterior desse belo museu de arte.

O desafio de tornar uma cidade mais atraente levou-me a iniciar um projeto de pesquisa com dois colegas, os pro-

68 | PHILIP KOTLER

fessores Irving Rein e Donald Haider. Em 1993, publicamos *Marketing Places: Attracting Investment, Industry, and Tourism to Cities, States, and Nations* [Marketing de lugares: atraindo investimentos, indústrias e turismo para cidades, estados e nações, em tradução livre]. Posteriormente, publicamos versões adaptadas de nosso livro para as cidades da Europa, da Ásia e da América Latina. Recomendamos às cidades que empreendessem uma análise estratégica de seus pontos fortes e fracos, bem como de suas oportunidades e ameaças, e que depois pensassem em algumas maneiras de melhorar a cidade. Elas, então, estariam prontas para dar o último passo, que seria elaborar uma forte campanha de marketing para despertar a atenção dos grupos que a cidade desejava atrair.

Qualquer plano para melhorar uma cidade deve envolver não apenas as pessoas influentes da localidade, como também seus cidadãos. Lembro-me de Mendes France, o primeiro-ministro francês que, em 1954, recomendou que os cidadãos franceses "sorrissem mais" para que os estrangeiros se sentissem mais acolhidos. Lembro-me de Singapura ensinando seus cidadãos a sorrir. Temos também a Tailândia, onde as pessoas sorriem naturalmente. O marketing do "sorriso" pode ser muito útil para agradar aos visitantes e fazer com que eles desejem voltar. Eu acrescentaria que as cidades também devem usar o marketing para incentivar uma melhor atitude com relação à limpeza, à cortesia e à segurança dos seus cidadãos.

15. O marketing político e sua evolução

Com frequência, perguntam-me o que penso a respeito do marketing político. Ele não é, de modo nenhum, novo, mas está se tornando cada vez mais sofisticado e excessivamente dispendioso. Vamos examinar o que o marketing político era antes de se tornar tão sofisticado e dispendioso. Podemos começar com a antiga Atenas, onde a oratória política destinada a influenciar o público se tornou uma arte refinada nas mãos de atenienses como Demóstenes e Péricles. Os oradores se candidatavam a eleições na antiga Atenas, elogiavam os políticos ou recomendavam alguma ação coletiva, como, por exemplo, travar guerra contra Esparta. O grande Aristóteles sistematizou os princípios da retórica que eram aplicados pelos grandes oradores para defender uma causa.

Durante anos, os candidatos usaram métodos simples de agradar aos eleitores, como beijar bebês e comparecer a inúmeros chás e reuniões sociais, sem mencionar o uso posterior dos megafones e dos veículos equipados com alto-falante para chamar a atenção para si mesmos e para sua causa.

O primeiro indício que percebi do surgimento da sofisticação política ocorreu quando eu estudava no MIT, e ouvi falar no professor Ithiel de Sola Pool, que lecionava ciência política. Ele havia desenvolvido um enorme banco de dados representativo de eleitores e pôde fornecer a John Kennedy, o então candidato democrata à presidência, uma estimativa de quantos eleitores Kennedy ganharia ou perderia a cada posição que ele tomasse em uma questão pública. Todo político, em tese, deseja maximizar o número de votos a seu favor. O candidato é tentado a assumir as posições que resultam no maior número de votos. No caso de Kennedy, ele, às vezes, assumia uma posição que conduzia a mais votos perdidos do que ganhos, mas projetava uma imagem mais firme de seu caráter.

Dessa maneira, podemos distinguir entre um líder político e um farsante. O farsante está disposto a assumir qualquer posição que gere mais votos. A outra característica desse tipo é que ele adotará as posições que angariem o maior volume de dinheiro para a campanha. O farsante está mais interessado em representar os interesses daqueles que podem doar mais do que representar os interesses da população. Hoje, o Partido Republicano se vê obrigado a representar os interesses dos ricos porque os democratas se apropriaram da popularidade junto aos pobres e à classe trabalhadora. Isso também explica por que os democratas precisam arrecadar mais dinheiro da população em geral, até mesmo em pequenas quantias, enquanto os republicanos obtêm grandes doações de um número menor de eleitores, porém mais ricos.

MINHAS AVENTURAS EM MARKETING | 71

Minha mulher e eu conhecemos Barack Obama na residência do escritor Scott Turow, que fica a alguns quarteirões de nossa casa. Scott e Obama eram advogados e trabalhavam para melhorar o sistema de justiça criminal. Scott queria ajudar Barack a arrecadar dinheiro para entrar na corrida eleitoral pelo cargo de senador. Vinte e cinco de nós estávamos reunidos naquele dia na casa de Scott e ficamos impressionados com a genialidade e o calor humano de Obama. Lembro-me de que essa foi a primeira vez que Nancy e eu doamos dinheiro com tanto entusiasmo para um candidato político. Caminhamos de volta para casa dizendo: "Os Estados Unidos precisam de mais líderes como Obama."

Obama foi eleito senador e, posteriormente, presidente, tendo sido, inclusive, reeleito à presidência. Sua equipe utilizou bastante a mídia social recém-desenvolvida que está revolucionando o marketing político. O Facebook, o Twitter, o LinkedIn e o YouTube ajudaram Obama e o Partido Democrata a estabelecerem presença mais íntima e frequente junto a seus eleitores-alvo. Os democratas conseguiram, de maneira brilhante, levantar pequenas doações junto à população em geral e passaram a ser vistos como o partido que mais representa o interesse do povo.

É fácil nos mostrarmos céticos em relação ao processo das campanhas eleitorais. Os candidatos independentes não têm nenhuma chance de ganhar uma eleição sem apoio partidário. Cada partido político precisa desfiar uma história a respeito de como é diferente de outros e como proporcionará grandes benefícios à massa de eleitores. Cada candidato político precisa aderir aos princípios do partido, caso contrário, perderá o apoio do partido no ciclo eleitoral seguinte.

72 | PHILIP KOTLER

Desse modo, os candidatos estão, basicamente, votando no que interessa ao seu partido, e não, necessariamente, no que é do interesse público.

O financiamento da campanha é fundamental para o êxito do candidato. Cada ciclo eleitoral mostra que os partidos estão gastando cada vez mais dinheiro. Existem soluções para restringir esses gastos políticos?

Uma das soluções seria financiar todos os candidatos com dinheiro público e desestimular, ou limitar, quaisquer doações privadas, mas essa ideia conduz a algumas questões de liberdade de expressão. Outra solução seria limitar as campanhas e os gastos eleitorais nos dois meses que antecedem a data das eleições, algo que o Reino Unido colocou em prática. Hoje em dia, costumamos ver candidatos vencedores começarem a arrecadar dinheiro logo depois de serem eleitos. A campanha eleitoral está se tornando um processo contínuo. Uma terceira solução seria deixar que as campanhas fossem menores, digamos de quatro anos, para que tivessem mais tempo para prestar atenção a questões legislativas, em vez de se preocuparem em angariar fundos.

Algumas reformas também são necessárias em duas outras áreas. Um candidato político precisa, na primeira etapa, vencer as primárias patrocinadas por seu partido político. Geralmente, só participam das eleições primárias os dogmáticos e aqueles que são leais ao partido. Um candidato com muito pouca representatividade pode, com frequência, vencer nas primárias. Além disso, em muitos estados, os candidatos que perdem nas primárias não podem se candidatar às eleições gerais.

MINHAS AVENTURAS EM MARKETING | 73

A outra área é a prática do *"gerrymandering"*,* pela qual um candidato vencedor pode ter seu distrito redefinido de maneira que o deixe com mais eleitores que pensam como ele ou com menos eleitores que concordam com ele – e, nesse caso, ele não será reeleito. Um candidato democrata, certa vez, constatou que seu distrito havia sido redefinido e passara a contar com mais eleitores republicanos, de modo que perdeu a eleição seguinte.

Gerrymandering é um método controverso de definir as áreas dos distritos eleitorais de um território para obter vantagem em relação ao número de representantes políticos eleitos. (*N. do E.*)

16. O mundo dos museus

Podemos encontrar um museu em praticamente qualquer cidade de tamanho razoável. Pode ser um museu que mostre a história da cidade ou, em locais maiores, um museu de arte, de ciências ou de história natural. Pode ser um museu importante que tenha milhares de visitantes ou um museu solitário com muitos objetos, porém poucos visitantes.

Fui criado na cidade de Chicago, onde há abundância de museus. Temos alguns dos maiores museus do mundo: o Art Institute of Chicago, o Field Museum of Natural History, o Adler Planetarium, o Shedd Aquarium e o Museum of Science and Industry. Mesmo que consideremos apenas a categoria de museus de arte, Chicago tem o National Museum of Mexican Art, o Museum of Contemporary Art, o Polish Museum of America e o Balzekas Museum of Lithuanian Culture.

Esses museus contribuem de forma significativa para nossa cultura em Chicago, bem como para que possamos entender a nós mesmos e o lugar que ocupamos no mundo. Ao lado de nossas

MINHAS AVENTURAS EM MARKETING | 75

escolas, bibliotecas e jornais locais, eles desempenham um papel importante na formação de nosso conhecimento e de nossa visão de mundo.

A ideia original dos museus era reunir, proteger e exibir objetos de interesse histórico ou artístico. Esses objetos eram então expostos em plataformas ou vitrines situadas em um prédio público bem-protegido, para que fossem admirados e contemplados pelos visitantes. O antigo diretor do Metropolitan Museum of Art de Nova York, Philippe de Montebello, defendia que os museus lidam com objetos e que nós os visitamos para ver esses objetos. Todas as outras razões que nos levam a visitar um museu são secundárias.

Hoje, muitos diretores de museus têm um conceito muito mais amplo a respeito do que deve acontecer nesses locais. Vários museus adicionaram programas de música e entretenimento e formaram diferentes grupos de colecionadores. Eles oferecem entretenimento a solteiros e a grupos da terceira idade, em noites diferentes. Muitos museus expandiram suas cafeterias, construindo restaurantes. Também reservaram um espaço para as crianças brincarem e fazerem trabalhos artísticos supervisionadas por adultos. Os dirigentes dos museus desejam que esses locais fiquem repletos de visitantes, que vão até lá para ter várias experiências além de contemplar objetos.

Ao longo dos anos, vários diretores de museus entraram em contato comigo indagando como poderiam atrair mais visitantes, quanto deveriam cobrar pelo ingresso, como poderiam atrair mais doadores e doações maiores destes últimos, como poderiam demonstrar que os museus contribuem para o desenvolvimento econômico de uma cidade e outras perguntas desse tipo. Entendo que um diretor de museu precisa ter várias habilidades de marketing: atrair vi-

76 | PHILIP KOTLER

sitantes, doadores, funcionários qualificados da área e obter apoio da cidade. Por alguns anos, lecionei em um programa do Getty Museum, na seleção de curadores talentosos que desejavam adquirir habilidades empresariais que pudessem ajudá-los a se tornar dirigentes de museus.

Por causa do meu envolvimento com os museus, publiquei um livro com Neil Kotler, meu irmão, *Museum Strategy and Marketing: Designing Missions, Building Audiences, Generating Revenue and Resources* [Estratégia e marketing de museus: como projetar missões, construir público-alvo e gerar receita e recursos, em tradução livre]. O livro obteve sucesso e, em minhas visitas a museus, eu via com frequência um exemplar dele na mesa do diretor ou do curador. Quando surgiu a nova mídia digital, atualizamos o livro e publicamos a segunda edição, tendo Wendy Kotler, mulher de Neil, como coautora.

Entretanto, nunca imaginei que eu me envolveria na construção de um museu, mas essa foi a etapa seguinte de minha jornada nessa área. Meu bom amigo e coautor indonésio Hermawan Kartajaya dirige a MarkPlus, a maior empresa de pesquisa, treinamento e consultoria da Indonésia. Em uma visita que fizemos a Bali, conhecemos três príncipes do local. Os príncipes haviam construído dois museus de arte em suas terras e se mostraram bastante interessados em nosso trabalho em marketing. Apresentamos a eles a ideia de que Bali poderia ser o primeiro lugar no mundo a ter um Museu de Marketing. Existe o Museum of Brands, Packaging and Advertising [Museu de Marcas, Embalagens e Publicidade] em Notting Hill, Londres, mas o nosso conceito era muito mais amplo. Os príncipes se mostraram dispostos a apoiar a ideia, de modo que contratamos um escritório de arquitetura. Alguns anos depois, um belo museu de dois andares foi inaugurado nas terras deles em Ubud, Bali.

Ao entrar no museu, passamos, primeiro, por uma seção dedicada aos principais profissionais de marketing, como Steve Jobs, Richard Branson, Anita Roddick, Herb Kelleher e outros. Nessa área, lemos sobre a história dessas pessoas. Em seguida, vem a seção dedicada a algumas das empresas e instituições do mundo inteiro mais voltadas para clientes, como o Grameen Bank, a Samsung e a Mayo Clinic. Finalmente, entramos em um auditório onde estão expostos alguns dos melhores comerciais do mundo — "I'd Like to Teach the World to Sing" [Eu gostaria de ensinar o mundo a cantar], da Coca-Cola; "1984", da Apple; e a campanha "RED" [VERMELHA], da Bono. O museu também tem uma seção com poltronas onde as pessoas podem se sentar e conversar, uma biblioteca de consultas e uma equipe bem-informada.

Os museus são como organismos vivos. Precisam crescer e evoluir para satisfazer as necessidades e os interesses sempre renovados de seu público, e se tornar relevantes para as comunidades das quais fazem parte. Esperamos que muitos cidadãos e visitantes de nosso Museu de Marketing 3.0 passem a ter uma nova compreensão do poder do marketing, no sentido de expandir nossa imaginação e atender às nossas novas necessidades e desejos. A Indonésia prestou uma homenagem a mim criando um novo selo com a minha imagem.

Em 2007, fui nomeado Embaixador Especial Itinerante para o Turismo da Indonésia. Em maio de 2011, a cidade de Denpasar, em Bali, me concedeu o título de residente honorário de Denpasar.

17. O mundo das artes cênicas

Sempre me perguntei como seria uma grande cidade ou país se não existissem as orquestras, a ópera, o balé, o teatro e as apresentações ao vivo. Isso significaria a perda de uma vasta e preciosa indústria cultural e de entretenimento. Naturalmente, as pessoas poderiam continuar a ver e ouvir as apresentações, assistindo a filmes e escutando CDs. Essas apresentações poderiam estar disponíveis a qualquer hora e em qualquer lugar. Não enfrentaríamos o problema de entrar em carros, dirigir e procurar um lugar para estacionar, fazer fila para entrar nos teatros, ir até uma poltrona, correr o risco de uma pessoa alta estar sentada bem na nossa frente, obstruindo nossa visão, esperar o intervalo para entrar na fila do banheiro, assistir à segunda metade da apresentação, aplaudir e depois entrar em outra fila para pegar o carro, dirigir até nossa casa e preparar-nos para dormir e encerrar as quatro horas de prazer e desconforto intermitentes.

No entanto, mesmo assim, milhões de pessoas optam por comparecer a apresentações ao vivo.

MINHAS AVENTURAS EM MARKETING | 79

Embora pudessem simplesmente ficar em casa, assistir a um DVD com John Gielgud interpretando Hamlet e, duas horas depois, se levantar e preparar uma xícara de chá, milhões de pessoas acham que essa experiência não é igual à de assistir a uma produção ao vivo de Hamlet. Elas querem viver a coisa verdadeira, não uma cópia dela.

Será que, algum dia, a cópia substituirá o que é real? A tecnologia moderna e a internet podem proporcionar sem esforço a cópia de qualquer coisa que você deseje ver ou ouvir. A experiência virtual conseguirá ser suficiente e satisfatória? Se cada vez mais pessoas ficarem satisfeitas com a experiência virtual, esta acabará aniquilando as artes cênicas ao vivo.

A tecnologia não é a única corda no pescoço das artes cênicas. A outra é a economia. É muito dispendioso produzir peças, e os ingressos são muito caros. Os teatros precisam ser próprios ou alugados. É preciso fazer audições para encontrar as pessoas certas para os papéis. Os intérpretes — músicos, dançarinos, atores — precisam passar inúmeras horas ensaiando. Os profissionais de marketing precisam preparar e divulgar notícias a respeito dos eventos para atrair um número suficiente de espectadores que ocupem as poltronas, cujo preço é bem elevado.

O preço alto do ingresso para o teatro não pode ser resolvido por meio de aumento da produtividade. Tocar a Quinta Sinfonia de Beethoven mais rápido ou abreviá-la não será útil. Diminuir o tamanho da orquestra pode alterar o impacto da experiência. Reduzir a remuneração dos membros da orquestra seria algo indevido porque, para começar, eles já não ganham muito. De modo geral, é mais difícil obter aumento de produtividade no setor de serviços do que no setor de produtos.

80 | PHILIP KOTLER

Outro elemento importante é o fato de as vendas estarem limitadas ao tamanho das salas de espetáculos. Um programa que dê certo talvez tenha de rejeitar pessoas ou convidá-las a se sentar em uma sala separada, onde poderão ver ou ouvir uma versão transmitida. Mas isso é o mesmo que transformar a apresentação em uma cópia; as pessoas não estariam tendo a experiência verdadeira.

Os custos totais da produção não podem ser cobertos pela venda de ingressos, a não ser que fossem cobrados preços que ninguém pagaria. Se a única fonte de receita fosse a venda de ingressos, uma entrada para a ópera custaria US$500. O motivo pelo qual, nos Estados Unidos, o ingresso custa apenas US$150 é que a diferença é paga por doadores generosos. Em muitos outros países, o teatro recebe forte apoio do governo.

Haverá, no futuro, um número suficiente de pessoas que pagará pela verdadeira experiência, e não pela cópia? Esta é a pergunta existencial que as artes cênicas talvez tenham de enfrentar. Sabemos que diferentes teatros têm seus próprios ciclos de popularidade. O público do teatro ao vivo pode estar aumentando enquanto o da orquestra ao vivo diminui. A história pode ser diferente, em diferentes países. Tóquio conta com sete orquestras completas, e todas atraem um bom público. As belas-artes fazem mais parte da vida das pessoas na Europa e na Rússia, por exemplo, do que nos Estados Unidos. O balé é popular em algumas cidades norte-americanas, mas em outras recebe pouco apoio ou simplesmente não existe. O balé e a ópera nos Estados Unidos normalmente precisam do apoio de cidades de tamanho considerável.

Sabemos que quase todas as artes cênicas são valorizadas pelas pessoas com mais de 50 anos, e não pelos jovens ou

MINHAS AVENTURAS EM MARKETING | 81

pelas famílias com crianças. A próxima geração de pessoas maduras demonstrará o mesmo apoio às artes cênicas ao vivo que a geração atual? Os profissionais de marketing de hoje possuem as habilidades necessárias para formar um público maior? Os artistas de hoje têm o talento necessário para criar experiências mais estimulantes para seus patrocinadores? Eles pensam a partir da perspectiva de criar experiências que são *relevantes* para o seu público-alvo?

Sempre fui fascinado por essas questões. Uma ex-aluna, Joanne Scheff (Bernstein), e eu pesquisamos as artes cênicas e publicamos nossas observações no livro publicado pela Harvard Business School Press, *Standing Room Only: Strategies for Marketing the Performing Arts* [Somente sala de espera: estratégias para o marketing das artes performáticas, em tradução livre]. Examinamos questões como o preço dos ingressos e dos programas de assinatura, arrecadação de fundos dos doadores, criação de marca da companhia de artes cênicas, divulgação das apresentações, escolha de músicas e peças antigas ou novas, como atrair pessoas mais jovens para as apresentações de teatro e dezenas de outros assuntos.

A principal conclusão a que chegamos é que aqueles que dirigem os programas de artes cênicas precisam da gama completa de qualificações de gestão e marketing para organizar excelentes programas, encher as salas de espetáculos, atrair doadores e cultivar o apoio do setor público. Se eles falharem, todos nós sofreremos.

18. O mundo da religião

À medida que a área do marketing expandiu suas aplicações para as organizações sem fins lucrativos, como hospitais, empresas de serviços sociais, museus e organizações de artes cênicas, vários líderes religiosos começaram a me perguntar se as ideias do marketing poderiam ajudá-los a desenvolver suas congregações ou, pelo menos, evitar que elas definhassem. Sempre me interessei pela religião como uma força que faz com que as pessoas se reúnam para pensar a respeito da vida plena e feliz, bem como das diretrizes éticas e do comportamento espiritual. Assim, decidi trabalhar com Bruce Wrenn, um ex-aluno, para pesquisar como o marketing pode ajudar as congregações e os locais de culto a "manter e ampliar" o número de "clientes".

A mera exposição do problema com essas palavras repele uma série de líderes religiosos. Quanto mais conservadores e tradicionais eles são, mais lhes desagrada falar a respeito de aplicar ideias empresariais ou de marketing à sua religião. Mesmo assim, insistimos nisso.

MINHAS AVENTURAS EM MARKETING | 83

Lembramos de que uma igreja, a Western Presbyterian, em Washington, estava perdendo membros e procurou o Institute Alban, empresa que presta consultoria a igrejas, à qual forneceu aos dirigentes relatórios demográficos e conselhos para que focassem a atenção principalmente em famílias com crianças pequenas e modificassem seus sermões, o que levou a frequência do local a duplicar.

Demos seguimento ao nosso trabalho de campo e posteriormente relatamos nossas constatações em um novo livro, *Marketing for Congregations: Choosing to Serve People More Effectively* [Marketing para congregações: escolhendo servir as pessoas de maneira mais eficaz, em tradução livre], junto com dois outros autores (Norman Shawchuck e Gustave Rath). Mais tarde, publicamos a obra *Building Strong Congregations: Attracting, Servicing, and Developing Your Membership* [Construindo congregações fortes: como atrair, servir e desenvolver seus associados, em tradução livre].

Reconhecemos que as organizações religiosas estão enfrentando um número crescente de desafios:

- A secularização criou novas questões sobre o significado e o valor da religião do ponto de vista da relevância e dos benefícios.
- A "marketização" havia criado novas ideias a respeito do papel da mídia, dos produtos e serviços, e do que eles deveriam ou poderiam proporcionar.
- O rádio, a televisão e a internet estavam competindo com as igrejas locais e até mesmo oferecendo serviços religiosos virtuais.
- Os líderes religiosos precisavam lidar com as crescentes questões sociais, como o divórcio, o casamento consanguíneo, os casais sem filhos,

84 | PHILIP KOTLER

o casamento gay, as congregações multilíngues e multiculturais, as mudanças populacionais e os recursos financeiros cada vez mais escassos.

- Novos grupos de imigrantes, com culturas muito diferentes, como os budistas, muçulmanos, cristãos cópticos e outros, estavam entrando nos Estados Unidos.

- "Megaigrejas" independentes, sem nenhuma afiliação, estavam ganhando popularidade por serem diferentes das denominações burocráticas institucionalizadas.

Por causa de todas essas ocorrências, a vida das igrejas hoje passa por novas adaptações. A maior mesquita de São Francisco tomou a polêmica medida de remover a parede de 2,5 metros que separava os devotos dos sexos masculino e feminino. Membros dos dois sexos deixaram a mesquita e ingressaram em outra, que mantinha essa divisão. Na área de Nova York, uma congregação judaica oferece diferentes atividades, como *tai chi*, caminhadas na natureza, aulas de ioga e comédia stand-up, como forma de observância do Sabbath.

Ao trabalhar com líderes de congregações, nossa abordagem consiste em mostrar que a decisão de ingressar ou permanecer em uma congregação é influenciada por muitos motivos. Uma igreja não pode atender às necessidades de todos os tipos de fiéis. Ela precisa definir cuidadosamente o seu mercado-alvo e descobrir as necessidades e expectativas desse mercado relacionadas com culto, conexões sociais e serviços à comunidade. Usamos o nosso vocabulário de marketing e fazemos as seguintes perguntas aos líderes da congregação: Qual é a sua oferta? (Produto)? Quais são os benefícios e os custos envolvidos (Preço)? Onde e quando ele será entregue

MINHAS AVENTURAS EM MARKETING | 85

(Praça)? E como você promoveria esse produto (Promoção)? Chamamos isso de 4Ps, e eles se aplicam a todas as organizações que desejam atrair, manter e ampliar sua clientela.

Enfatizamos a importância das primeiras impressões causadas naqueles que visitam uma igreja pela primeira vez. Eles são recebidos individualmente? Existe um acompanhamento para descobrir o que acharam do serviço e quais foram suas boas e más impressões? Um pouco de preparação e pesquisa pode ajudar muito a aumentar as doações feitas à igreja. Nosso objetivo é compartilhar as ideias estimulantes provenientes das pesquisas na área florescente do marketing de serviços.

Evitamos aplicar o marketing a outra questão mais sensível: "Como promover a nossa religião em detrimento de outras?" Existe uma longa história de conflitos religiosos entre católicos e protestantes, cristãos e muçulmanos, muçulmanos xiitas e sunitas, judeus ortodoxos e reformistas. Algumas religiões praticam ativamente o proselitismo e enviam missionários a outros países. A Igreja Mórmon, por exemplo, tem um programa dinâmico que se destina a atrair novos adeptos para o mormonismo. Em um sentido profundo, quase todas as religiões que se desenvolvem esbarram em uma profunda necessidade das pessoas e oferecem um conjunto de crenças que atendem essa necessidade em troca de sua afiliação. Certo autor afirmou que "a Bíblia é um dos grandes textos de marketing do mundo". As práticas de "marketing" dos pregadores recuam ao período colonial.

Meu interesse consiste em aprender como as diferentes religiões podem coexistir pacificamente. Não existe nenhuma maneira de provar que uma religião é superior a outra. Cada religião precisa ser humilde o bastante para reconhecer a sinceridade dos membros das outras religiões.

19. Em busca de transformação

A maioria das pessoas permanece do mesmo jeito a vida inteira. Quando são felizes, raramente procuram mudar. Quando são infelizes, podem procurar psiquiatras, usar drogas e participar de grupos de apoio. Podem tentar perder peso, seguir uma dieta vegana ou fazer uma cirurgia plástica. Podem recorrer a viagens, mudar de carreira ou de cônjuge, ou, ainda, tomar outras medidas para encontrar mais satisfação na vida. De minha parte, eu me interesso por aquelas que tentam se tornar pessoas muito diferentes. Elas estão tentando trocar sua *persona* atual por outra, esperançosamente melhor. Estão em busca não apenas de experiências novas, mas também de uma "transformação". Sem dúvida, isso é possível; basta examinar a vida do conde Leon Tolstói, que era inicialmente um oficial do Exército, passou a ser um famoso escritor e, finalmente, tornou-se um pensador moral anarquista e reformista social. Tolstói fez o seguinte comentário: "Todos pensam em mudar o mundo, mas ninguém pensa em mudar a si mesmo."

MINHAS AVENTURAS EM MARKETING | 87

Lembro-me de ter ingressado em um movimento humanista chamado EST (Erhard Seminars Training [Seminários de Treinamento de Erhard]). Werner Erhard era um líder bem-apessoado e carismático que oferecia um programa de duas semanas de duração, atraindo cerca de trezentas pessoas, cuja maioria estava em busca de algum tipo de transformação, e não apenas de uma experiência interessante. Elas faziam uma série de exercícios de autoexploração e também de interação pessoal que poderiam abrir sua mente a novas ideias e possibilidades. Elas levantavam a mão para ser identificadas e, em seguida, compartilhar uma experiência pessoal, e não raro muito perturbadora, depois que outras pessoas faziam comentários sobre experiências semelhantes, demonstrando que aquelas experiências não são incomuns. O primeiro fim de semana visava fragmentar a *persona* vigente de cada um, e o propósito do segundo era recriá-la com novas ideias e aspirações. Mais de 90% dos membros do grupo informavam que o fim de semana fora uma importante experiência transformadora na vida deles.

Alguns modificavam sua vida depois daqueles dias, trocavam de emprego, davam início a novos relacionamentos ou mudavam outras coisas que os incomodava.

Outro fomentador da transformação é a Igreja da Cientologia. As pessoas fazem uma série de cursos e passam por muitas experiências para ficar "puras". Elas sobem de nível. Criam laços com outras ao compartilharem essa experiência e frequentemente recrutam amigos. O movimento é um tanto sigiloso e não está claro como veio a ser reconhecido como igreja com os privilégios de uma entidade sem fins lucrativos. Dois de seus membros mais proeminentes são os atores John Travolta e Tom Cruise. O movimento conta com muitos críticos, mas certamente representa uma experiência

88 | PHILIP KOTLER

transformadora. Ele vai muito além das igrejas normais, que nos mantêm ocupados aos domingos e não assumem o controle de nossa mente.

Outra experiência transformadora tem lugar quando ingressamos em um *ashram*. Lembro-me de um professor conhecido que mora em São Francisco e que passou por um divórcio difícil. Certo dia, ele topou com uma loja na qual funcionava um *ashram*, ouviu o "guru" e começou a frequentar regularmente o local. Ele descobriu um novo propósito na vida e decidiu tirar uma licença de um ano da universidade em que lecionava e se mudar para a Índia, onde estava a sede do *ashram*. Lá, ele teve uma nova e esplêndida existência e começou a pensar em desistir de voltar para a universidade. No entanto, quando esse período estava para terminar, seu guru lhe disse: "Está na hora de voltar para sua universidade." Meu amigo se opôs à ideia, dizendo que desejava permanecer no *ashram* pelo resto da vida. Mas seu guru respondeu: "Você tem muito mais a oferecer ao mundo como professor universitário do que poderia proporcionar se ficasse aqui." Ele finalmente voltou para a universidade e, embora ambivalente, tem sido um dos palestrantes mais populares da instituição, tendo sido, sem dúvida, enriquecido por sua experiência na Índia. Não está claro se ele realmente se transformou em parte ou por completo.

Uma experiência transformadora mais radical ocorre quando decidimos ingressar em uma ordem religiosa e tornarmo-nos padres ou freiras, já que é mais radical do que a experiência de nos tornarmos ministros ou rabinos. O padre ou a freira precisa desistir da ideia de se casar, o que, em si, já é uma experiência transformadora, e fazer votos que conduzem a uma vida muito diferente. Alguns

MINHAS AVENTURAS EM MARKETING | 89

descobrem depois que essa é uma transformação errada e decidem retornar à vida anterior.

A experiência mais radical provavelmente acontece quando alguém decide se tornar monge e abandonar os valores terrenos. Tenho um conhecido chinês de 40 anos que pertence a uma família muito rica da Ásia. Sua vida ia muito bem, mas ele sentia que algo estava faltando, de modo que começou a estudar seriamente o budismo e decidiu passar um mês em um mosteiro. Quando estive com ele, declarou-me que muitas coisas haviam mudado em sua vida e que estava pensando seriamente em ingressar no mosteiro e renunciar à sua vida atual.

Poucos de nós somos levados a buscar uma vida inteiramente nova, mas penso sempre naqueles que conheço que se propuseram a apagar a pessoa que eram e criar aquela que agora desejam ser.

20. Conheça Peter Drucker, o pai da administração moderna

Do outro lado da linha, ouvi a voz de um homem falando inglês com sotaque alemão. Enquanto eu ouvia atentamente, ele disse: "Aqui é Peter Drucker." Fiquei extremamente surpreso e procurei manter a calma. Digo isso porque eu havia lido meticulosamente seus livros, que estão repletos de ideias excelentes, e nutria grande respeito por ele, embora não o conhecesse pessoalmente. Uma ligação de Peter Drucker significava mais para mim do que se o presidente dos Estados Unidos tivesse me telefonado. Ele perguntou: "Você viria a Claremont (na Califórnia) para conversar comigo sobre alguns assuntos?" Peguei o primeiro avião na manhã seguinte. Isso aconteceu na segunda metade da década de 1980.

Peter não é apenas o "pai da administração moderna"; também é um importante pioneiro na disciplina do marketing moderno. Por mais de quarenta anos vinha explicando aos gestores que o centro da empresa eram os clientes. Tudo na empresa deveria girar em torno de atender

MINHAS AVENTURAS EM MARKETING | 91

às necessidades dos clientes. O propósito do marketing é criar o valor do cliente.

Fui influenciado por quatro perguntas que Peter fazia às empresas:

- Qual é a principal atividade de sua empresa?
- Quem é o seu cliente?
- O que o seu cliente considera valioso?
- Qual deveria ser a sua atividade principal?

Sempre que Peter se encontrava com o CEO de uma empresa como a P&G ou a Intel, ele fazia essas perguntas. E os CEOs confirmavam que haviam tido muitas ideias excelentes enquanto tentavam responder a essas questões. Eu mesmo faço perguntas semelhantes a muitas empresas às quais presto consultoria.

Os livros e os comentários de Peter estão repletos de declarações apropriadas a respeito do marketing e dos clientes. Vou mencionar algumas aqui junto com o que elas sugerem.

Ele disse, por exemplo: "O propósito da empresa é criar um cliente." Essa declaração estava em oposição direta à opinião da maioria dos gestores daqueles dias, quando o propósito das empresas era gerar lucro. Para Peter, essa opinião dos gestores era uma teoria vazia que carecia da importante ideia de como gerar lucro, que era criar clientes. Para criar clientes, a empresa precisa proporcionar um valor mais elevado (benefícios menos custos) do que o de seus concorrentes. A única fonte de lucro são os clientes.

Peter também disse: "A empresa tem duas funções básicas: a inovação e o marketing; tudo mais são custos." Embora estivesse plenamente ciente de que todas as funções empresariais são necessárias e oferecem uma contribuição, ele selecionou essas duas funções. Inovação significa que as empresas não podem ficar paradas quando as tecnologias e o gosto dos consumidores estão mudando. E o marketing precisa ser forte para que os clientes tomem conhecimento do produto, conheçam seu preço e sua localização, e deem valor ao que a empresa está oferecendo. Uma empresa não pode ser bem-sucedida se for forte na inovação ou no marketing, mas não em ambos.

Peter também esclareceu a diferença entre marketing e vendas. Ele deixou os gestores perplexos quando declarou que "o propósito do marketing é tornar as vendas desnecessárias". Ele achava que era importante compreender profundamente as necessidades dos clientes e criar produtos que levassem os clientes a fazer fila para comprá-los sem qualquer estímulo de venda.

Peter criticava as empresas que primeiro projetavam um produto como um carro e somente depois tentavam decidir seu público-alvo e o que dizer a respeito dele. Faz mais sentido para a empresa começar com um conceito pleno do consumidor-alvo e do propósito do produto e depois projetar o carro para satisfazer esse consumidor.

Vamos voltar ao telefonema de Peter e à minha ida a Claremont, na Califórnia, para conhecê-lo. Peter foi me buscar no aeroporto, e fomos diretamente para a Universidade Claremont Graduate, onde ele lecionava. Além de ser professor de administração, ele também lecionava arte. A universidade concedeu a Peter uma galeria privada na qual guardava sua coleção de biombos flexíveis e pergaminhos suspensos japoneses.

Peter abriu e desdobrou um pergaminho suspenso após outro. Enquanto os apreciávamos, conversávamos a respeito de cada obra de arte. As horas passaram rápido. Discutimos

MINHAS AVENTURAS EM MARKETING | 93

o fato de o povo japonês ter um modo diferente de interpretar e avaliar a arte. Eles gostam de *"sabi"*, uma qualidade tranquila que uma obra de arte pode ter. Gostam de *"wabi"*, o sentimento de que a obra de arte reúne uma história e uma experiência. O senso de beleza no Japão é muito diferente dos padrões ocidentais. Deixamos então a galeria e fomos almoçar em um restaurante nas imediações.

Em seguida, Peter convidou-me para ir à sua casa, onde conheci sua esposa, Doris, que se formou em física e foi uma tenista maravilhosa.* Ela me recebeu com um sorriso. Fiquei surpreso com a simplicidade da casa deles. Fiquei ainda mais surpreso ao pensar que Peter havia entretido altos executivos de muitas empresas mundialmente famosas em sua sala de estar, que não era muito grande. Peter e Doris, provavelmente, não tinham necessidade de se exibir.

Naquela noite, Peter me levou a um estúdio de gravação perto de sua residência. Assim como eu, ele estava fazendo uma pesquisa sobre NPOs (*nonprofit organizations* [organizações sem fins lucrativos]). No silencioso estúdio de gravação, Peter pediu que eu falasse a respeito de "Como o marketing pode ajudar os líderes das organizações sem fins lucrativos a melhorar seu desempenho".

As perguntas de Peter abarcaram vários assuntos e foram estimulantes. Aquelas que ele fez a respeito dos museus e das orquestras me levaram a pesquisar mais intensamente essas instituições culturais. Peter resumiu nossa conversa em Claremont sobre as organizações sem fins lucrativos no livro *Managing the Nonprofit Organization* [Administrando a organização sem fins lucrativos, em tradução livre], publicado em 1990.

---

*Peter Drucker faleceu em 2005, aos 95 anos, e Doris Druker em 2014, aos 103. (*N. da T.*)

Quando a Fundação Peter F. Drucker para Gestão de Organizações sem Fins Lucrativos foi fundada, em 1990, fui convidado para ser membro do comitê consultivo. A fundação foi constituída para ajudar as NPOs a aprenderem com outras NPOs, bem como com os gestores e acadêmicos, para se tornarem organizações melhores. Compareci a várias reuniões anuais do comitê e fiz apresentações sobre como as organizações sem fins lucrativos podem desenvolver soluções estimulantes e criativas para os problemas sociais.

Peter e eu nos correspondíamos de tempos em tempos. O que me impressionava era o fato de Peter sempre redigir as cartas de próprio punho. Ele não usava nem máquina de escrever nem computador. É claro que ele pode ter usado esses recursos em outras ocasiões, mas nunca os utilizou nas cartas pessoais que escreveu para mim.

A Fundação Drucker está operando atualmente com o nome Instituto Leader to Leader. Inicialmente, Peter relutou em criar uma fundação com seu nome, mas acabou concordando, sob a condição de que fosse retirado alguns anos depois. Seu caráter modesto se tornava visível nesses gestos.

Sempre que eu me encontrava com Peter, sentia-me estimulado por seu impressionante conhecimento de história e suas ideias visionárias sobre o futuro. Não consigo imaginar como ele adquiriu seu vasto conhecimento em áreas tão diversificadas.

Penso em Peter como um homem raro da Renascença e uma das pessoas mais extraordinárias que tive o prazer de conhecer.

21. Minhas reuniões de consultoria e nos conselhos de administração

As empresas que precisam de consultoria provavelmente entrarão em contato com professores de marketing, ainda mais se eles tiverem escrito livros sobre o assunto. A consultoria tende a enriquecer as aulas e as finanças desses professores. No meu caso, prestei consultoria a bancos (Bank of America), empresas de automóveis (Ford, Hyundai, Kia), empresas farmacêuticas (Merck, Johnson & Johnson, Eli Lilly), empresas de bens de consumo não duráveis (S.C. Johnson, Unilever, Apple), empresas B2B (IBM, GE, Honeywell) e muitos outros tipos. Também fui convidado, na qualidade de perito em marketing, por muitos escritórios de advocacia que acreditam que meus livros sobre marketing me tornam a testemunha ideal nos tribunais. No entanto, decidi há muito tempo não aceitar convites como "perito em marketing". Isso tende a atrapalhar minha agenda, porque os processos são adiados e transferidos para outras datas. Além disso, a testemunha sabe que os advogados da parte contrária não se deterão diante de nada para invalidar suas credenciais e seu depoimento.

Também recebi convites para atuar no conselho de administração de algumas companhias, e aceitei alguns. Constatei, de modo geral, que as reuniões dos conselhos dedicavam tempo demais a assuntos que não me interessavam muito e que eu também me expunha como alvo de ações de responsabilidade se meus colegas no conselho não inspecionassem adequadamente os procedimentos da administração.

Os conselhos variam entre os chamados conselhos "capacho", cujos membros são escolhidos porque são favoráveis à diretoria, tendendo a fazer poucos questionamentos e desfrutar apenas da remuneração e das gratificações, e conselhos compostos por membros altamente independentes que levam a sério sua responsabilidade, fazendo muitas perguntas válidas e apresentando ideias e propostas interessantes.

A maioria dos conselhos tem uma mistura de capachos e pensadores independentes. Um dos melhores exemplos do que pode dar errado em um conselho é o da General Motors nos dias de grande sucesso da GM. Em geral, o conselho da GM não contestava a estratégia da companhia. No entanto, um de seus novos membros, Ross Perot, cuja empresa, a Electronic Data Systems (EDS), foi adquirida pela GM em 1984, ingressou no conselho. Ele fez perguntas difíceis e expressou abertamente nas reuniões do conselho que a GM não estava produzindo carros de alto nível. Queixou-se de que os executivos da GM careciam de iniciativa, davam um valor excessivo à burocracia e estavam fora de sintonia com os clientes, revendedores e funcionários. Ele encarava seu papel como o de ensinar "um elefante a dançar".

MINHAS AVENTURAS EM MARKETING | 97

Os outros membros do conselho não disseram muita coisa nem se uniram a ele nas críticas às políticas e estratégia da GM. A alta administração achou que Ross era franco demais e, então, pediu que ele renunciasse ao cargo e não mencionasse publicamente suas críticas; caso contrário, seria privado de uma grande quantia por ter quebrado o silêncio. Ross não era pessoa de se deixar intimidar, de modo que deixou o conselho da GM e imediatamente concedeu uma entrevista a Thomas Moore, redator da revista *Fortune*, em 1988, a respeito de como ele administraria a GM e eliminaria a maior parte dos diretores executivos.

A melhor reunião de conselho da qual já participei foi a de uma empresa da Fortune 500. Eu estava prestando consultoria ao CEO sobre como trazer para a empresa ideias mais focadas no cliente. O CEO me convidou para comparecer aos dois dias em que o conselho estaria reunido. A reunião seria dividida em três partes fascinantes.

A primeira parte consistiu em ouvir o que três companhias, clientes da empresa, tinham a dizer a respeito do serviço e do equipamento desta última. Lembro-me de um alto executivo da DuPont ter reclamado de como era difícil entrar em contato com as pessoas certas nessa empresa. O CEO apresentou sinceras desculpas quando ouviu a reclamação e enfatizou a importância do esforço de sua empresa em oferecer um serviço perfeito aos clientes. "Essa é a razão de vocês estarem aqui", declarou à sua cliente DuPont, "para nos ajudar a aprimorar o serviço que prestamos a vocês".

A segunda parte consistiu em ouvir três gerentes de filiais fazendo uma exposição sobre como se sentiam a respeito das políticas do escritório central com relação às filiais. O conceituado gerente da filial de Chicago se queixou de que precisava de mais liberdade de ação para contratar as

98 | PHILIP KOTLER

pessoas aptas a otimizar os lucros de sua filial. A matriz, então, o autorizou a contratar dois novos contadores, mas, em vez disso, ele queria dois profissionais de marketing. Eis o que ele disse ao Conselho: "Deixem-me administrar minha filial contratando as pessoas de que preciso, e não aquelas de que vocês acham que eu preciso. Prometi determinado desempenho e orçamento, de modo que deveria ser livre para contratar quem eu quero porque é a minha credibilidade que estará em jogo quando os resultados forem divulgados." Nesse caso, o CEO concordou que os gerentes das filiais deveriam ter mais voz ativa em suas contratações.

A terceira parte foi fascinante. O CEO havia convidado um "concorrente" para informar ao conselho a estratégia que planejava adotar para arrebatar a fatia de mercado da empresa. Então, o "concorrente" olhou para os membros do conselho e iniciou sua exposição com a seguinte declaração: "Nossa meta na Sun é enterrar a sua empresa!" Ele prosseguiu dizendo que a empresa se concentrava em melhorar o equipamento enquanto o futuro estava na construção de redes.

Essa reunião ilustra a necessidade de os conselhos das empresas ouvirem pelo menos três apresentações: 1. Alguns clientes importantes devem ser convidados para informar à empresa como está seu desempenho. 2. Os gerentes das filiais da empresa devem descrever como se sentem com relação às diretrizes da matriz. 3. Um importante "concorrente" fictício deve descrever como planeja atacar a empresa.

22. Como expandir seu negócio em épocas de crescimento lento

A crise financeira que teve início em 2007 conduziu a um período de crescimento lento que se espalhou pelo mundo. A crise deixou os Estados Unidos com uma taxa de crescimento muito baixa e provocou em vários países europeus — Grécia, Portugal, Espanha, Itália — uma taxa de crescimento negativa. Ao mesmo tempo, vários países asiáticos — China, Indonésia, Índia, Malásia — continuaram a apresentar uma taxa de crescimento de 5% a 8%.

Sabemos que todas as empresas de capital aberto com baixo crescimento ainda estão sob pressão para crescer e obter lucros maiores. Também sabemos que a estratégia atual de uma empresa, aquela que obteve sucesso no passado, não é mais promissora. Está na hora de a empresa desenvolver uma nova estratégia. Não acreditamos que empresas vivenciando uma economia de baixo crescimento precisem aceitar essa situação como seu destino. Acreditamos que uma busca revelará muitas áreas de

100 | PHILIP KOTLER

oportunidade que estão à espera para serem exploradas por aqueles que têm visão e boas ideias.

O interesse no crescimento me levou e ao meu irmão, Milton, a identificarmos um conjunto de oito caminhos estratégicos que conferem às empresas uma chance razoável de aumentar a receita e os lucros. Não inventamos nenhum caminho, reconhecendo, em vez disso, os oito mais promissoras. Cada caminho conduziu a livros inteiros. Mas nós queríamos apresentar os oito caminhos em um único livro, que os dirigentes possam ler e discutir com seus colegas e, esperançosamente, descobrir um ou dois caminhos que prometam o crescimento. Recentemente, publicamos esses oito caminhos estratégicos em *Market Your Way to Growth: Eight Ways to Win* [Promova seu caminho para o crescimento: oito maneiras de vencer, em tradução livre].

Antes de relacionar esses oito caminhos, vou descrever o problema geral com que se defrontam as empresas de baixo crescimento. A alta direção, na ânsia de agradar aos seus acionistas, geralmente define um objetivo de crescimento agressivo para o ano seguinte. A questão é se o ímpeto da empresa e as tendências de mercado da ocasião encerram potencial de crescimento suficiente para atingir o objetivo de crescimento agressivo. Se não encerrar, o "hiato de crescimento" precisa ser preenchido pela promoção de novas iniciativas. Estas últimas podem incluir a introdução de novos produtos e o ingresso em novos mercados, novos segmentos de mercado ou novas regiões geográficas. A tarefa consiste em identificar essas iniciativas e examinar o retorno e o risco de cada uma, reunindo um número suficiente de novas iniciativas para preencher o hiato de crescimento sem um risco excessivo.

MINHAS AVENTURAS EM MARKETING | 101

Eis, então, os oito principais caminhos estratégicos a serem examinados visando as oportunidades de crescimento:

- Crie sua fatia de mercado
- Gere clientes e *stakeholders* dedicados
- Construa uma marca poderosa
- Introduza novos produtos, serviços e experiências
- Expanda-se internacionalmente
- Considere aquisições, fusões e alianças
- Construa uma reputação destacada de responsabilidade social
- Trabalhe junto com governos e ONGs

Suponha que sua empresa tenha sido bem-sucedida ao se voltar para a conquista de uma fatia de mercado (caminho 1) e ao adicionar novos benefícios que possibilitaram a cobrança de um preço mais elevado. No entanto, no novo ambiente de baixo crescimento, os clientes agora estão mais preocupados com o preço do que com benefícios maiores, e a estratégia 1 está tendo rendimentos decrescentes. Esse é o momento de examinar uma ou mais das outras sete estratégias. Talvez a empresa nunca tenha feito fusões e aquisições porque vinha tendo sucesso, mas atualmente existem muitas oportunidades de aquisição atraentes. Ou imagine que sua empresa nunca tenha entrado no mercado externo porque estava se saindo bem no mercado interno; não será esse o momento de pensar em introduzir os seus produtos em um mercado de alto crescimento como a China?

O que você, como dirigente, gostaria de saber é: quais são os pontos-chave envolvidos em cada uma das oito estratégias e quais são as armadilhas. Quando você for se envolver com fusões e aquisições, deverá tomar cuidado com muitas coisas. Nosso capítulo sobre fusões e aquisições enfatiza os principais benefícios e riscos, levantando várias questões que devem ser consideradas. Por outro lado, se você optar pela expansão internacional, há um conjunto totalmente diferente de questões a ser avaliadas. Reunimos em um livro as principais considerações que surgem nos oito diferentes caminhos que podem ser seguidos para preencher o "hiato de crescimento" da empresa.

Embora a execução seja importante, adiciona pouco valor no caso de você escolher a estratégia errada.

23. A gestão de organizações sem fins lucrativos

Minha mãe, Betty Kotler, estava na casa dos 50 anos quando decidiu se tornar voluntária no hospital local. A gerente a designou para trabalhar na loja de presentes do hospital. Ela trabalhou lá pelos trinta anos seguintes, travando conhecimento com pacientes, visitantes, médicos e enfermeiros que iam comprar flores, balas e chocolate, jornais e artigos diversos. Fui testemunha de sua satisfação por trabalhar em uma boa causa, embora não recebesse nenhuma remuneração. Era um hospital sem fins lucrativos. Isso abriu meus olhos para o comportamento voluntário e também para o grande número de organizações no setor sem fins lucrativos: escolas, faculdades, museus, teatros, igrejas, organizações beneficentes e de bem-estar social como Os Escoteiros, a YMCA, organizações de saúde e comunitárias como a Sociedade Americana do Câncer e a Associação Americana de Cardiologia e assim por diante. Essas organizações ocupam um importante setor individual entre milhões de empresas privadas comerciais e o amplo setor governamental.

104 | PHILIP KOTLER

Houve uma época em que eu achava que o governo deveria fazer tudo o que era necessário em uma sociedade que as empresas privadas não fizessem. Na realidade, este é mais o caso da Europa Ocidental do que dos Estados Unidos. Os impostos do governo na Europa são muito altos e cobrem o custo da saúde e da educação gratuitas, bem como outras necessidades que as organizações sem fins lucrativos (NPOs) (também chamado de setor não governamental — ONGs) têm de cobrir nos Estados Unidos.

Na década de 1970, comecei a prestar consultoria para muitas organizações sem fins lucrativos sobre problemas que envolvem definir preços, projetar serviços e arrecadar dinheiro do governo, de empresas comerciais e de doadores individuais. Como profissional de marketing, eu os aconselhei a adotar uma perspectiva comercial de suas operações. Em seguida, percebi o problema! As pessoas que dirigiam essas organizações diziam que não eram uma empresa. Esse era como um palavrão na cabeça delas. Várias declaravam que haviam escolhido trabalhar em uma NPO para fazer o bem e evitar uma carreira empresarial! Consideravam desagradável a ideia de lidar com funções como marketing, aquisições, finanças e afins.

Apesar disso, meu objetivo passou a ser tornar o pensamento comercial mais compreensível e aceitável para as NPOs. Elas precisavam de um plano e muitas ferramentas de negócios para alcançar bons resultados. Em 1975, escrevi um dos primeiros manuais sobre NPOs: *Marketing for Nonprofit Organizations* [Marketing para organizações sem fins lucrativos, em tradução livre]. Nessa época, o termo "organizações sem fins lucrativos" não era muito usado. Cada tipo de organização — hospital, escola, igreja — achava que atuava em um mundo à parte. Meu livro foi bastante

MINHAS AVENTURAS EM MARKETING | 105

procurado e teve uma segunda edição em 1982. Mais tarde convidei o professor Alan Andreasen, da Universidade de Georgetown, para ser meu coautor na terceira edição e também nas subsequentes. O livro está agora na sétima edição. Lembro-me de ter discutido o setor sem fins lucrativos com Peter Drucker quando ele estava escrevendo o livro *Managing the Nonprofit Organization*, publicado em 1990. Peter era um grande admirador desse setor e escreveu a respeito de hospitais, igrejas, orquestras e outros tipos de NPOs. Ele usou a orquestra como uma maravilhosa metáfora de como toda organização deveria trabalhar. Há o maestro que ensaia e conduz a orquestra. Cada músico conhece bem seu instrumento, sabe como executar seu trabalho e como trabalhar com os outros, para que o resultado final seja uma bela música.

Por volta de 1982, percebi algo. Meu livro sobre organizações sem fins lucrativos era adequado para apresentar aos alunos de administração o uso do marketing no setor, mas não se aprofundava nos tipos específicos de organizações sem fins lucrativos. Seria impossível descrever todos esses diferentes tipos em um único livro. Então, decidi assumir um compromisso de longo prazo e pesquisar cada tipo importante de organização sem fins lucrativos, publicando um livro separado para cada. A partir de 1985, comecei a publicar livros nos seis setores seguintes do mundo das organizações sem fins lucrativos:

Escolas e universidades: Philip Kotler e Karen Fox, *Strategic Marketing for Educational Institutions* [Marketing estratégico para instituições educacionais, em tradução livre], Prentice-Hall 1985, 1995.

106 | PHILIP KOTLER

Saúde: Philip Kotler e Roberta N. Clarke, *Marketing for Health Care Organizations* [Marketing para organizações de saúde, em tradução livre], Prentice-Hall, 1987; Philip Kotler, Joel Shalowitz e Robert Stevens, *Marketing estratégico para a área da saúde*, Editora Bookman, 2009. Hong Cheng, Philip Kotler e Nancy R. Lee, *Marketing social: influenciando comportamentos para o bem*, Bookman, 2010.

Organizações sociais e beneficentes: Philip Kotler e Eduardo Roberto, *Social Marketing: Strategies for Changing Public Behavior* [Marketing social: estratégias para mudar o comportamento público, em tradução livre], The Free Press, 1989; Philip Kotler, Nancy Lee e Eduardo Roberto, *Social Marketing: Improving the Quality of Life* [Marketing social: melhorando a qualidade de vida, em tradução livre], The Free Press, 2002. (O ultimo título é de autoria de Philip Kotler e Nancy Lee, *Social Marketing: Influencing Behaviors for Good* [Marketing social: influenciando comportamentos para o bem, em tradução livre], Sage, 2008); Philip Kotler e Nancy R. Lee, *Up and Out of Poverty: The Social Marketing Solution* [Longe da pobreza: a solução do marketing social, em tradução livre], Filadélfia: Wharton School Publishing, primavera de 2009; Doug McKenzie-Mohr, Nancy R. Lee, P. Wesley Schultz e Philip Kotler, *Social Marketing to Protect the Environment: What Works* [Marketing social para proteger o meio ambiente: o que funciona, em tradução livre], Sage 2012, e Philip Kotler, David Hessekiel e Nancy R. Lee, *Good Works! Marketing and Corporate Initiatives that Build a Better World... and the Bottom Line* [Iniciativas corporativas e de marketing que constroem um mundo melhor... e o ponto de partida, em tradução livre], Wiley, 2013. (Eleito o quarto melhor livro de marketing do ano pela *Expert Marketing Magazine — EMM*).

MINHAS AVENTURAS EM MARKETING | 107

Organizações religiosas: Philip Kotler, Norman Shawchuck, Bruce Wrenn e Gustave Rath, *Marketing for Congregations: Choosing to Serve People More Effectively* [Marketing para congregações: escolhendo servir as pessoas de maneira mais eficaz, em tradução livre], Abingdon Press, 1992. (Revisto em 2009 e de autoria de Philip Kotler, Bruce Wrenn e Norman Shawchuck, *Building Strong Congregations*.)

Organizações de artes cênicas: Philip Kotler e Joanne Scheff, *Standing Room Only: Strategies for Marketing the Performing Arts* [Somente sala de espera: estratégias para o marketing das artes performáticas], Harvard Business School Press, 1997.

Museus: Neil Kotler e Philip Kotler, *Museum Strategy and Marketing: Designing Missions, Building Audiences, Generating Revenue and Resources* [Estratégia e marketing de museu: designando missões, adquirindo públicos, gerando receita e recursos, em tradução livre], Jossey Bass, 1998, 2008.

Depois desse longo e gratificante período de pesquisas sobre o funcionamento dos diferentes tipos de organizações sem fins lucrativos, compreendi que havia deixado de tratar de um setor enorme, o terceiro setor, ou seja, o governo. As repartições e os órgãos do governo precisam treinar seu pessoal como "servidores públicos", cuja função é criar "cidadãos satisfeitos". Muitos governos federais, regionais, estaduais e municipais carecem da filosofia de tornar fácil e conveniente a utilização dos serviços do governo. O marketing do governo, então, se tornou meu interesse seguinte de pesquisa específica.

24. Como melhorar o desempenho do governo

Passei a me interessar muito por estudar os métodos de marketing para melhorar o governo nos níveis municipal, estadual e federal.

Lembro-me de ter ido, há vários anos, ao Departamento de Veículos de Chicago para renovar minha carteira de habilitação. Isso envolvia um exame de motorista com um funcionário do departamento que verificaria se eu estava apto a dirigir de forma segura. Eu me vi em uma fila com mais de duzentas pessoas e compreendi que passaria o dia inteiro esperando para fazer o exame. Esse tempo de espera em uma repartição do governo também foi necessário quando eu quis renovar meu passaporte (talvez quatro semanas até o passaporte chegar). Também tive de esperar muitas semanas para conseguir marcar uma entrevista com alguém na Receita Federal para discutir um ponto de divergência relacionado a meu imposto.

Todas essas vezes, pensei que esse nível insatisfatório de serviço do governo não aconteceria se eu estivesse lidando com organizações comerciais

MINHAS AVENTURAS EM MARKETING | 109

que competissem pela minha preferência. O governo é um problema porque cada órgão é um monopólio, e nós precisamos do serviço prestado. Os funcionários do governo, às vezes, são maltreinados, e os órgãos não têm dinheiro suficiente para contratar uma equipe de tamanho adequado.

Pensei que se pudéssemos oferecer aos funcionários do governo um treinamento melhor e recursos adequados, obteríamos um serviço melhor. Esse não é necessariamente o caso. Temos de fazer com que se tornem "orientados ao consumidor" e lhes dar um "treinamento comercial" para que estabeleçam padrões de serviço elevados e recolham informações sobre o nível de satisfação do consumidor com relação a seu serviço.

De certa maneira, eu não deveria me queixar, porque o serviço do governo é pior em muitos outros países. Os piores casos estão em países nos quais os funcionários públicos trabalham em câmera lenta, exceto nos casos em que recebem propinas. Os cidadãos, além de terem de pagar impostos, precisam pagar mais para obter os serviços que supostamente deveriam receber do governo.

Uma das outras coisas ausentes na maioria das repartições do governo é a capacidade de pensar de maneira inovadora. Uma grande quantidade de práticas poderiam ser aprimoradas nesta nova era da informação. Presenciei isso no caso das placas dos veículos. No passado, o Departamento de Veículos enviava anualmente um formulário que deveria ser preenchido e devolvido junto com um cheque para que as placas do ano seguinte fossem confeccionadas. As novas placas chegavam pelo correio em algumas semanas, e eu mesmo tirava as placas do meu carro, jogava-as no lixo e aparafusava as novas placas na parte da frente e na traseira do carro.

110 | PHILIP KOTLER

Uma pessoa inteligente sugeriu que as placas não precisariam ser substituídas todos os anos. Todos manteriam as antigas placas e pagariam anualmente uma taxa para receber um novo adesivo para o veículo, que seria colado no canto da placa. O governo economizaria a despesa de fabricar novas placas de metal a cada ano e os cidadãos não teriam de desaparafusar as placas antigas e substituí-las por novas. Outra inovação foi o reconhecimento de que apenas uma placa, e não duas, seria o suficiente.

Muitos serviços do governo podem ser aprimorados por meio de ideias inovadoras e de melhor administração. Convidei Nancy Lee para ser minha parceira na pesquisa desse assunto. A pesquisa, que foi publicada em 2006 no livro *Marketing in the Public Sector: a Roadmap for Improved Performance* [Marketing no setor público: um roteiro para uma performance melhor, em tradução livre], descreve procedimentos e histórias a respeito da melhora do desempenho do setor público.

Os governos enfrentam outro desafio além de prestar um serviço melhor. Esse desafio implica em se tornarem mais eficientes em atrair turistas, visitantes, fábricas, a sede de empresas e o talento humano para sua cidade ou país. Eles precisam adquirir a habilidade do "marketing de lugar". No caso das cidades, é preciso preparar planos de marketing diferenciados para atrair grupos variados.

Os professores Irving Rein, Don Haider e eu nos incumbimos de pesquisar como as cidades conduziam as atividades de aprimoramento. Publicamos nosso resultado em *Marketing Places: Attracting Investment, Industry, and Tourism to Cities, States, and Nations* [Marketing de lugares: atraindo investimento, indústria e turismo para cidades, em tradução livre].

O livro foi bem-recebido. Mas, como estava focado nos Estados Unidos, depois convidamos colegas estrangeiros

MINHAS AVENTURAS EM MARKETING | 111

para adaptar a obra a outras cidades e continentes, e publicamos edições adicionais para Europa, Ásia e América do Sul.

Reconheci que o desafio de promover uma nação difere consideravelmente do de promover uma cidade. Os países carregam uma imagem de marca de sua história, cultura e filosofias. O desafio de uma nação consiste em examinar sua imagem e ver como ela ajuda ou atrapalha o país a alcançar seus objetivos. Um campo de pesquisa chamado "país de origem" descreve como a imagem de uma nação afeta sua capacidade de concorrer em diferentes mercados. Perceberíamos um novo carro fabricado na Alemanha como excelente, mas, se ouvíssemos que um novo carro fora fabricado por uma empresa do Iêmen no próprio Iêmen, acharíamos que ele é razoável ou até mesmo ineficiente. O país precisa compreender como sua imagem atual ajuda ou prejudica a aceitabilidade de um produto.

Muitos países precisam fazer o *rebranding* de sua imagem, e isso não pode ser feito apenas com palavras e imagens. O *rebranding* poderá exigir um conjunto inteiramente novo de comportamentos e investimentos para tornar a nova imagem verossímil e eficaz. Trabalhei com dois alunos meus nesse desafio — Somkid Jatus Jatusripitak e Suvit Maesincee — e, em 1997, publicamos *The Marketing of Nations: A Strategic Approach to Building National Wealth* [O marketing das nações: uma abordagem estratégica para a construção da riqueza nacional, em tradução livre].

Uma mudança fascinante está em curso hoje no relacionamento entre uma nação e suas principais cidades. Historicamente, a nação fornece a orientação estratégica e os recursos, e as cidades os seguem. Desse modo, nos Estados Unidos, a hierarquia desce do governo federal para os cinquenta estados e, em seguida, para as cidades. O governo

112 | PHILIP KOTLER

federal arrecada impostos e aloca fundos para os estados, os quais, por sua vez, alocam recursos para as cidades com base em uma necessidade, uma licitação ou uma motivação política. Nessas circunstâncias, o desenvolvimento das cidades depende muito das contribuições que recebem dos governos federal e estadual.

Atualmente, a relação entre os governos federal e estadual e as cidades está se invertendo. O governo federal e os estados estão com uma terrível falta de dinheiro devido ao colapso financeiro de 2008 e ao impasse entre republicanos e democratas, que está impedindo Washington de resolver os problemas da nação. Muitas cidades norte-americanas estão tomando a iniciativa de criar seu próprio futuro e definir suas próprias metas e objetivos. As principais cidades estão tentando atrair fábricas, negócios e o investimento direto da China e de outros lugares. Ao mesmo tempo, as cidades se empenham em melhorar sua qualidade de vida para se tornar mais atraentes para os negócios e trabalhadores qualificados. No futuro, veremos as principais cidades se tornarem como as antigas cidades-estados e levar o país adiante, em vez de a nação levar as cidades para a frente. Esse se tornou o tema de meu livro mais recente em coautoria com meu irmão, Milton Kotler.

25. O flagelo do suborno e da corrupção

A maioria das áreas tem um lado sombrio que seus adeptos dificilmente mencionam ou que deliberadamente ocultam. A maioria dos manuais de ciência política não faz referência aos grupos de interesses especiais e lobistas aos quais os políticos se submetem e o tráfico de influência que ocorre. Os livros-textos de história ocultam certos fatos que, caso contrário, manchariam a imagem que o público tem de um evento ou pessoa. Os livros de história não mencionam os defeitos de Thomas Jefferson como uma pessoa que possuía escravos e que teve filhos com a escrava que estava a seu serviço pessoal. Os livros de ciências deixam de mencionar casos de pesquisas inconsistentes ou falsificadas e o fato de muitos cientistas plagiarem o trabalho de outros.

O marketing também tem seu lado sombrio. Agrada-nos pensar que a Lockheed Aircraft ganhou a licitação para sua aeronave porque ofereceu o melhor valor. No entanto, descobrimos posteriormente que a Lockheed deu

114 | PHILIP KOTLER

propinas elevadas aos comitês de compras que estavam escolhendo a aeronave.

O suborno é uma prática difundida, mas nunca a mencionei em detalhes em meus livros. Por quê? Certamente não sou partidário de subornar o cliente. Tampouco quero aconselhar qualquer empresa sobre o tamanho do suborno que ela precisa oferecer para conseguir o contrato. Na melhor das hipóteses, eu gostaria que meus alunos soubessem que um ou mais de seus concorrentes podem estar fazendo isso e que eles devem denunciar o fato às autoridades ou desistir da licitação.

Lembro-me de um professor amigo da London Business School que chegou à conclusão de que a amplitude do suborno como prática precisava ser exposta. Ele reuniu informações nas suas aulas de formação de executivos. Ele pedia aos executivos de sua turma da noite que levantassem a mão caso a empresa na qual trabalhavam recorresse ao suborno para conseguir contratos. Ninguém levantou. Então, ele fez uma pergunta diferente: "Levantem a mão se tiverem conhecimento de que um ou mais de seus concorrentes recorrem ao suborno." Quase todos os presentes levantaram a mão. O curioso é que a turma tinha executivos das mesmas empresas cujos representantes não levantaram a mão quando a primeira pergunta foi feita.

O professor foi mais longe, e pediu aos presentes que enviassem descrições anônimas a respeito de como eventos específicos de suborno tinham lugar. Ele só queria saber como o suborno era realizado em uma situação específica. Ele recebeu centenas de casos ao longo dos anos, de modo que decidiu codificar os tipos de esquemas de suborno e até mesmo descobrir as melhores maneiras de subornar e quais as quantias ideais a oferecer como um exercício teórico. Ele

MINHAS AVENTURAS EM MARKETING | 115

estava planejando publicar um livro sobre essas constatações e mencionou esse fato à sua mulher. Ela, então, entrou em pânico e o aconselhou a não fazer aquilo. Ele ficaria com uma reputação que levaria muitas pessoas desonestas a procurar seus conselhos a respeito de como otimizar o suborno. Ele, então, decidiu não escrever nenhum livro ou artigo, e toda a sua pesquisa foi guardada em lugar seguro ou destruída.

A terrível verdade é que a prática de suborno é bastante ampla. Uma empresa que esteja planejando entrar em outro país deve consultar a Transparência Internacional para verificar qual a respectiva classificação no item "suborno e corrupção". Os países mais corruptos estão na África, na Ásia e na América do Sul. Mas até mesmo um país relativamente escrupuloso como a Alemanha permitia no passado que seus empresários abatessem como despesa comercial qualquer propina que oferecessem.

O fato é que a maioria das empresas não deseja se envolver em transações de suborno para conseguir contratos ou facilitar o desempenho. O problema ocorre quando uma empresa toma conhecimento de que seu concorrente está envolvido nessa prática de suborno — ela deve oferecer uma propina maior, denunciar o que está acontecendo ou desistir de apresentar uma proposta?

Sabemos o seguinte: o suborno impõe um grande custo à sociedade. Ele resulta em má distribuição de recursos, já que as ofertas mais valiosas e eficientes não ganham as concorrências. O suborno impõe uma taxa aos lucros e não adiciona nenhum valor à sociedade.

Um amigo indiano me contou uma história. Ele decidiu ir a um cartório na Índia para passar sua propriedade para o nome do filho. Isso normalmente levaria dez minutos, e ele

116 | PHILIP KOTLER

gastaria 100 rupias para dar entrada no requerimento. Mas o burocrata queria 5 mil rupias para executar o procedimento. Meu amigo perguntou ao burocrata por que ele agia assim, e ele respondeu que era porque ganhava pouco. Meu amigo decidiu não pagar a propina (porque nenhum valor estaria sendo criado) e pediu a um amigo que ocupava um cargo importante na burocracia que conseguisse que a transação fosse feita pelo preço normal.

Ele me contou a história de um dos ministros da Índia que foi flagrado com centenas de milhares de rupias na gaveta, muito mais do que poderia ter ganho com seu salário. O ministro ficou zangado e disse: "Por que estão me perseguindo?", gritou. "Todo mundo faz isso. Por que estão me perseguindo?"

As nações têm sido, em grande medida, ineficazes em reduzir a corrupção. Os Estados Unidos adotaram uma abordagem mais direta ao aprovar a Foreign Corrupt Practices Act [Lei de Práticas Corruptas Estrangeiras] em 1977, a fim de que qualquer evidência de um ato corrupto levasse os perpetradores a receber pesadas multas ou ir para a cadeia. No geral, as empresas norte-americanas têm se comportado de forma ética na vigência dessa lei. Algumas conseguiram se distanciar o máximo possível do local e do agente que estivesse conduzindo um suborno. A polícia e o Poder Legislativo estão agora tomando medidas para descobrir os centros de ocultação de dinheiro dos bancos da Suíça e do Caribe que administram dinheiro ilegal. A melhor notícia é que muitos bancos suíços concordaram em pagar impostos sobre a quantia mantida nas contas secretas.

26. O inevitável aumento da responsabilidade social corporativa

Na condição de profissional de marketing, minha função é ajudar as empresas a produzir produtos e serviços de qualidade, e também a saber vendê-los com eficiência. Sempre tive algumas preocupações a respeito do impacto de toda essa produção e distribuição sobre o meio ambiente. Eu estava obcecado pelo verso de William Wordsworth: "Consumindo e gastando, destruímos nossos recursos: pouco vemos na natureza o que é nosso..."

Em 1972, a Meadows publicou um livro chamado *Os limites do crescimento,* baseado em um modelo de computador que mostra que o crescimento econômico e populacional fora de controle poderá nos levar, com o tempo, a esgotar nossos principais recursos e também a agredir o ambiente. Isso se manifestaria pelo aumento do preço de muitas das principais commodities. Meu amigo Julian Simon achou que isso era um absurdo e desafiou a Meadows, apostando que o preço das commodities não subiria. Os preços não subiram e ele ganhou o desafio.

118 | PHILIP KOTLER

No entanto, comecei a pensar que os profissionais de marketing precisavam demonstrar mais responsabilidade pelo impacto causado nos recursos mundiais e no meio ambiente. Eu me aprofundei ainda mais e cheguei à conclusão de que as empresas precisavam dar alguma coisa para a sociedade em troca do que obtinham. Passei a me interessar pela questão da responsabilidade social corporativa (RSC).

As empresas de capital aberto deveriam se sentir obrigadas a fazer contribuições beneficentes? Nós entendemos que o proprietário de uma empresa de capital aberto talvez deseje apoiar algumas instituições beneficentes e fazer doações por meio de seu negócio. Esse é um direito dele. Mas a empresa talvez esteja usando dinheiro que pertence aos *stockholders* e decidindo quais instituições beneficentes irá apoiar. Os funcionários poderão se ressentir disso porque não estão participando das escolhas quanto às instituições beneficiadas e talvez prefiram que o dinheiro seja usado para pagar maiores salários.

Meu professor Milton Friedman, da Universidade de Chicago, ganhador do Prêmio Nobel, era o mais forte opositor das doações a instituições beneficentes pelas empresas. "As empresas têm apenas uma única responsabilidade social, que é usar seus recursos e se envolver em atividades destinadas a aumentar seus lucros, desde que siga as regras do jogo." Ele acreditava que os lucros da companhia pertencem aos acionistas, já que arriscam seu capital. Eles deveriam decidir pessoalmente se desejam fazer alguma caridade com sua renda e, caso desejem, qual seria a quantia e a que instituições beneficentes o dinheiro seria destinado. Friedman também defendia que as empresas que gastavam dinheiro com responsabilidade social seriam mais vulneráveis aos concorrentes que não fazem isso ou que aplicam seu dinheiro em P&D ou em outros investimentos que favorecem a vantagem competitiva.

Essa posição era muito popular entre as companhias tradicionais, mas hoje está perdendo seguidores. Atualmente, a maioria das empresas está envolvida em doar dinheiro para boas causas. Qual é a justificativa?

Existem três motivos. Primeiro, as empresas receberam muitos benefícios da sociedade, como estradas, pontes e portos, além de outra infraestrutura que as ajuda a ser lucrativas. Por conseguinte, elas devem dar algo em troca para a sociedade. Segundo, a RSC ajudará a melhorar a reputação da empresa como boa cidadã, e isso atrairá mais clientes e fará com que os funcionários se sintam melhor com relação à companhia. Terceiro, fazer contribuições beneficentes contrabalança a difundida impressão de que as empresas só se interessam por lucros e acumulação de riqueza.

Há um motivo mais amplo chamado obrigação moral. R. Edward Freeman apresentou a seguinte ideia: "Como vamos tornar esta empresa um instrumento de serviço à sociedade ao mesmo tempo que cumprimos com nossa obrigação de aumentar a riqueza dos acionistas? (...) Este país tem estado imerso no materialismo e no egocentrismo (...) As empresas precisam de uma alma."

Quando uma empresa decide ser generosa, ainda deve decidir quem receberá as doações. Uma das possibilidades é responder às numerosas solicitações de boas causas que chegam da comunidade e de outros *stakeholders*, como fornecedores, distribuidores e assim por diante. A outra possibilidade é a empresa escolher uma causa importante e direcionar a maior parte de suas doações. A Avon, por exemplo, optou por apoiar as pesquisas e o tratamento do câncer de mama, uma questão extremamente importante

120 | PHILIP KOTLER

para as mulheres. Dessa maneira, a reputação da Avon se fortalece por estar apoiando uma causa pela qual a maioria de seus clientes se interessa.

Inclino-me a preferir essa abordagem concentrada das doações. Nancy Lee e eu estudamos essa questão entrevistando 25 empresas renomadas — entre elas, IBM, Johnson & Johnson, Microsoft, American Express, Starbucks, Ben & Jerry's, Timberland, McDonald's, Motorola e Hewlett-Packard — e fazendo várias perguntas do tipo: como vocês decidiram qual seria sua causa? Como vocês avaliam o impacto de sua doação para saber como está beneficiando o grupo que a está recebendo? Como vocês avaliam quanto a doação está melhorando sua reputação, atraindo novos clientes e mantendo os clientes atuais?

Publicamos nossos resultados no livro *Corporate Social Responsibility: Doing the Most Good for Your Company and Your Cause* [Responsabilidade corporativa social: fazendo o melhor para sua empresa e na sua, em tradução livre]. Eis um exemplo de empresas e suas causas: Kraft (redução da obesidade), General Motors (segurança no trânsito), Levi Strauss (prevenção da Aids), Motorola (redução dos resíduos sólidos), Shell (limpeza costeira) e Starbucks (proteção das florestas tropicais).

A maioria das empresas prestou atenção à avaliação do impacto positivo de suas doações nos beneficiários. A tarefa de medir o retorno para a empresa — do ponto de vista de melhores resultados de clientes e funcionários — continua mais difícil, porque muitas outras variáveis também afetam a reputação da empresa. No final, poderíamos afirmar que ajudar os outros é uma razão bastante boa e nem sempre precisa ser medida em termos monetários.

Minha última pesquisa sobre responsabilidade social corporativa está no livro *Good Works!* no qual meus coautores

MINHAS AVENTURAS EM MARKETING | 121

e eu discriminamos seis maneiras pelas quais uma empresa pode manifestar RSC: *promoção de uma causa, marketing relacionado com uma causa, marketing social corporativo, filantropia corporativa, trabalho comunitário voluntário* e *práticas comerciais socialmente responsáveis.* Dediquei ainda todo um capítulo (Capítulo 7), no meu recente livro *Market Your Way to Growth* à descrição de como as empresas podem usar a RSC como uma das oito estratégias vencedoras.

27. O movimento do capitalismo consciente

Winston Churchill fez o seguinte comentário sobre a democracia: "A democracia é a pior forma de governo, excetuando-se todas as outras que já foram tentadas de tempos em tempos." Estou seguro de que a mesma defesa se aplica ao capitalismo. Ele tem suas falhas, mas todos os outros sistemas são piores. O capitalismo tem uma extensa lista de defeitos. Legiões de críticos se queixam de que o capitalismo se baseia no materialismo, na ganância e no interesse próprio, três forças com grande probabilidade de prejudicar a "comunidade". Eis as nove grandes deficiências do capitalismo norte-americano:

1. Propõe apenas uma solução frágil para a pobreza.
2. Não cobra das empresas os custos sociais totais de suas atividades.
3. É capaz de explorar os trabalhadores na ausência de uma negociação coletiva.
4. É capaz de explorar os recursos naturais na ausência de uma regulamentação adequada.

MINHAS AVENTURAS EM MARKETING | 123

5. Encara os cidadãos principalmente como consumidores que devem ser persuadidos a comprar cada vez mais produtos e serviços, mesmo quando estão além de seus recursos.

6. Exibe um nível bastante elevado de desigualdade de renda e de riqueza.

7. Enfatiza o individualismo à custa da comunidade.

8. Estimula a ganância, a criatividade financeira e o materialismo.

9. Gera ciclos de negócios periódicos e instabilidade econômica.

No entanto, quando o comunismo surgiu como um sistema alternativo que prometia construir comunidade e igualdade, criou alguns dos cidadãos mais infelizes do mundo. Sua influência entre as décadas de 1920 e 1980 custou milhões de vidas e provocou retrocesso em dezenas de economias nacionais.

De forma irônica, o capitalismo emergiu do período da Guerra Fria para se tornar o princípio operante das economias russa e chinesa, bem como da maioria das nações do mundo. Hoje, existe um amplo consenso de que, quando o capitalismo funciona bem, conduz a melhor produtividade e padrão de vida.

No entanto, o anseio por encontrar algo melhor do que o capitalismo persiste. O "caminho do meio" proposto seria algo como o "socialismo" ou a "democracia social", nos quais existe a propriedade privada e as empresas podem buscar lucros, regidas pela disciplina de várias regulamentações e normas sociais. O governo administraria algumas indústrias em prol do interesse público — segurança, eletricidade, infraestrutura pública, administração de resíduos — e

124 | PHILIP KOTLER

tributaria substancialmente os rendimentos privados para ter recursos para fornecer quase "gratuitamente" educação e cuidados de saúde, as duas maiores preocupações da maioria dos cidadãos. Os países escandinavos ilustram, de modo geral, que é possível conciliar socialismo com democracia. Esses países evitaram, com sucesso, deslizar para o autoritarismo ou para a tirania, o chamado "declive escorregadio" do socialismo tão temido por seus críticos.

Recentemente, uma melhora menos drástica do capitalismo, denominada "capitalismo consciente", foi proposta por um grupo de acadêmicos e personalidades empresariais. Quando ouvi o termo pela primeira vez, eu me perguntei se isso implicava que o capitalismo normal é "inconsciente" e o que significava exatamente. Por que não chamaram o novo movimento de "capitalismo responsável" ou "capitalismo reformista"?

Quem lançou esse movimento e quais são seus princípios? O principal cofundador acadêmico é Raj Sisodia, professor de marketing do Babson College, e o principal cofundador empresarial é John Mackey, que criou a rede de supermercados Whole Foods. Várias empresas também apoiaram o movimento: Southwest Airlines, Costco, Google, Patagonia, The Container Store, UPS, hotéis Joie de Vivre e dezenas de outras. Todas essas empresas são muito bem-sucedidas e tendem a praticar uma forma esclarecida de capitalismo. Não fingem ser "empresas sociais" que visam apenas um pequeno lucro, mas buscam seu lucro de maneira socialmente responsável. Boa parte de suas ideias está descrita no novo livro de John Mackey e Raj Sisodia, *Capitalismo consciente — como libertar o espírito heroico dos negócios.*

De acordo com MacKey e Sisodia, o capitalismo consciente se baseia em quatro princípios:

MINHAS AVENTURAS EM MARKETING | 125

1. *Propósito superior.* As empresas serão mais bem-sucedidas se existirem em função de um propósito maior, além de obter lucros. Esse propósito deve inspirar seus donos, funcionários, intermediários e clientes. Cabe à diretoria executiva propor um significado com um propósito inspirador mais elevado para a empresa. Isso ocorre quando uma companhia agrícola diz que seu propósito é ajudar a acabar com a fome no mundo, ou um fabricante de produtos alimentícios declara que o seu propósito é melhorar a qualidade nutritiva dos alimentos.

2. *Integração dos* stakeholders. As empresas serão mais bem-sucedidas quando formarem um sentimento de equipe entre os vários *stakeholders* que contribuem para seu sucesso. Os *stakeholders* — clientes, funcionários, distribuidores, fornecedores, comunidade e ambiente — se comprometem com o propósito maior e são recompensados justamente por suas contribuições individuais para o aprimoramento do desempenho de todos os *stakeholders*. Os investidores não tratam mais os outros participantes de seu ecossistema como "recursos" a serem explorados para o bem-estar dos investidores. A integração dos *stakeholders* deve conduzir à maior satisfação dos clientes, funcionários, distribuidores, fornecedores e outros *stakeholders*, desafiando o antigo dogma de que os lucros são otimizados por meio de um foco exclusivo no resultado final.

3. *Liderança consciente.* As empresas precisam ser dirigidas por líderes que sejam principalmente motivados pelo serviço e por gerar valor para todos os *stakeholders*.

Os líderes são sensíveis aos conflitos e acordos, mas tentam procurar soluções superiores que, em última análise, beneficiam todos os *stakeholders*.

4. *Cultura e gestão conscientes.* A empresa se apoia em uma série de valores que incentivam a inovação, a colaboração e o fortalecimento de todos os participantes. Entre os valores, estão confiança, responsabilidade, transparência, integridade, igualitarismo, amor e dedicação.

É cedo demais para dizer se o movimento do capitalismo consciente e seus princípios irão perdurar e reconfigurar o pensamento de um número crescente de líderes empresariais. Mas, se as empresas que estão praticando agora o capitalismo consciente continuarem a superar em desempenho as concorrentes no que diz respeito à lucratividade e ao nível de lealdade dos *stakeholders*, outras companhias serão persuadidas a começar a voltar sua prática para um propósito empresarial mais elevado. Eu tive o prazer de dar uma palestra em uma de suas grandes conferências anuais sobre como o marketing 3.0 se encaixa no capitalismo consciente. E me despedi de lá com o sentimento positivo de que o capitalismo consciente contribuirá para melhorar o desempenho do capitalismo.

28. A maldição da pobreza

Apesar da ênfase sincera do marketing em servir os clientes, ele praticamente desprezou cinco dos 7 bilhões de "clientes" no mundo. O marketing cuidou brilhantemente da classe trabalhadora, da classe média, dos abastados e dos super-ricos. Mas os membros desses grupos só totalizam 2 bilhões de pessoas. Dos 7 bilhões de habitantes do mundo, o marketing prestou contínua atenção apenas em 2 bilhões.

Em 2012, o serviço de recenseamento dos Estados Unidos relatou que 15% dos norte-americanos são pobres, o que equivale a 46,5 milhões de pessoas. Uma em cada quatro crianças norte-americanas é pobre. Como o marketing pode desconsiderar os pobres? Uma defesa superficial do marketing é ressaltar que "os pobres não têm dinheiro" ou que "vender para os pobres não gera lucro". Essa era nossa mentalidade até que o grande C. K. Prahalad, já falecido, escreveu *A riqueza na base da pirâmide*. Nesse livro, o professor Prahalad afirmou que há bilhões de dólares nas mãos dos pobres.

128 | PHILIP KOTLER

Prahalad suplicou às empresas que fabricassem produtos e criassem serviços mais baratos que os pobres tivessem condições de comprar. Mesmo que os pobres não possam pagar por uma Coca-Cola ou um hambúrguer do McDonald's, os empresários criativos não são capazes de lançar bebidas ou produtos de fast-food acessíveis aos pobres? Não são os elevados gastos das empresas modernas com o "branding", a propaganda e as embalagens que estão aumentando o custo dos produtos comuns?

Atualmente, algumas grandes empresas estão começando a prestar atenção aos menos favorecidos. A Hindustan Lever introduziu na Índia um xampu em sachê para que as mulheres pobres, que não têm dinheiro para comprar um frasco de xampu, possam adquirir uma pequena quantidade do produto. A Unilever também fabrica sabonetes em tamanho menor com o mesmo propósito: de o produto ser financeiramente viável. (Ironicamente, os tamanhos menores têm um preço maior por quilo, mas devemos agradecer por isso.) A Coca-Cola se esforçou muito para levar sistemas de purificação de água à região rural para que uma água potável segura estivesse disponível por um preço acessível. Essas e outras empresas também contribuem ao criar cadeias de abastecimento mais eficientes para entregar seus produtos em áreas rurais remotas, conseguindo, desse modo, baixar o custo desses produtos. Os caminhões de entrega da Coca-Cola, por exemplo, podem alugar espaço em seus caminhões para fornecedores de outros produtos que precisam chegar às áreas mais longínquas.

Há outras empresas que estão conseguindo baixar os custos e os preços para os pobres. Um indiano pobre que precise fazer uma cirurgia de catarata pode procurar o Aravind Eye Care System. Aravind é uma rede de hospitais,

MINHAS AVENTURAS EM MARKETING | 129

clínicas, iniciativas de envolvimento com a comunidade, fábricas e institutos de pesquisa e treinamento que trataram mais de 32 milhões de pacientes e realizaram 4 milhões de cirurgias oculares. Os pacientes do Aravind só pagam o que querem pagar. Embora a maioria dos pacientes pague muito pouco ou nada, o Aravind é financeiramente bem-sucedido e não depende da ajuda do governo ou de doações.

Um indiano pobre que tenha perdido um pé ou uma perna em um acidente ou em uma amputação não precisa deixar de andar. Um empresário indiano resolveu esse problema com o "pé Jaipur", que custa cerca de um centésimo do valor cobrado no Ocidente. Se o governo indiano não puder subsidiar esse custo, os vizinhos da pessoa pobre arrecadarão dinheiro suficiente para ajudar a pagar pelo pé Jaipur.

A consciência corporativa começou a mudar quando algumas empresas voltaram sua atenção para os consumidores pobres. A Unilever disponibilizou o seu xampu em pequenos sachês na Índia. A Coca-Cola levou sistemas de purificação às comunidades rurais em alguns países para que a população local possa beber água potável por um preço acessível.

Em 2009, publiquei, em coautoria com Nancy R. Lee, o livro *Marketing contra a pobreza*, que tenta descrever algumas formas de ajudar os pobres a escapar da pobreza. O livro explica que a ajuda externa e o fornecimento gratuito de produtos para os países pobres podem, às vezes, causar o declínio das indústrias locais, impedindo que os pobres procurem resolver seus próprios problemas. É claro que é importante que organizações sem fins lucrativos, empresários e companhias, além de governos, trabalhem juntos para reduzir a pobreza. Por sorte, esse livro foi eleito um dos vencedores dos Prêmios 800-CEO-Read Business Book de 2009.

29. A maldição da desigualdade e da riqueza

A maldição da pobreza não pode ser analisada sem que examinemos a elevada concentração da renda e da riqueza. As estatísticas apontam para a crescente concentração de renda e riqueza em muitos países. A desigualdade de renda é medida pelo "índice de Gini", também chamado de "coeficiente de Gini", que varia de 0%, em cujo caso todo mundo ganha exatamente a mesma renda, a 100%, em cujo caso toda a renda vai para uma única pessoa. Em 1968, o índice de Gini era 38 nos Estados Unidos, hoje é 45. Esse índice é ainda maior no Brasil (57) e na África do Sul (63), porém é muito mais baixo na Suécia, na Noruega, na Finlândia e na Dinamarca, onde gira em torno de 25.

A concentração de riqueza também pode ser aferida pelo índice de Gini. Hoje, ele está em 80 nos Estados Unidos. O fato é que riqueza gera riqueza. Os membros das famílias ricas recebem melhor educação, têm mais acesso à saúde, têm empregos mais bem-remunerados, têm fundos para investir em propriedades e aplica-

MINHAS AVENTURAS EM MARKETING | 131

ções financeiras, têm mais influência na política pública e assim por diante. A concentração de renda e de riqueza em uma nação tende a aumentar na ausência de intervenções do governo.

Sempre que ouço uma notícia a respeito da elevada remuneração paga aos CEOs das grandes empresas norte-americanas, sinto que estão tirando vantagem de seus acionistas, de seus funcionários e dos consumidores. Um fato impressionante é que a remuneração do CEO costumava ser, em média, cerca de quarenta vezes a do trabalhador comum.

Os CEOs norte-americanos de hoje recebem cerca de 350 a quatrocentas vezes o salário dos trabalhadores típicos. Alguns dirigentes recebem remunerações opulentas: David Tepper, da Appaloosa, ganhou US$2,2 bilhões em 2012; e Lawrence J. Ellison, da Oracle, ganhou US$96,2 milhões. E se os CEOs recebem uma remuneração elevada, sem dúvida os outros diretores que estão abaixo deles também têm de receber um pagamento substancial. Isso significa que a estrutura de custos da alta direção nas empresas norte-americanas as coloca em desvantagem, do ponto de vista do custo, quando competem com companhias chinesas, japonesas e sul-coreanas. E isso sem levar em conta se alguém merece essa enorme remuneração anual ou se isso é um golpe aplicado nos acionistas das empresas de capital aberto.

No entanto, os conservadores se opõem a alíquotas de impostos mais elevadas para os ricos, sob a alegação de que a riqueza gera empregos e demanda uma expectativa de retorno suficientemente elevada para cobrir o risco do investimento. Eles argumentam ainda que "todos os barcos subirão com a renda mais elevada", mas a recente experiência nos Estados Unidos é que a renda real dos trabalhadores não aumentou desde a década de 1980, ao passo que os ricos

132 | PHILIP KOTLER

desfrutaram de aumento substancial na renda até mesmo durante o colapso financeiro.

Posso garantir que os ricos estão prejudicando a si mesmos ao acumularem uma proporção tão elevada da renda e da riqueza mundial. Isso resulta em menor poder de compra nas mãos da classe média e praticamente nenhum nas mãos dos pobres. Por conseguinte, a demanda do consumidor permanece estável ou cai. Quanto menos forem os gastos, menor será o número de empregos que podem ser sustentados. Por conseguinte, eu concluiria que os super-ricos deveriam ser favoráveis a alguma redistribuição, para que os trabalhadores continuem a fazer compras em suas lojas e mantenham suas fábricas ocupadas.

O PIB da nação fica estagnado e ativa uma raiva potencial na população, levando a "Occupy Wall Street", um movimento de protesto que aconteceu no distrito financeiro de Wall Street, em Nova York, em setembro de 2011. Esse foi um símbolo do descontentamento e das frustrações do público norte-americano. Enquanto eu assistia aos protestos pela televisão, achei que poderiam se transformar em um movimento de massas mais radical buscando a transformação social. Neste momento, há uma crescente exigência de um nível mais elevado de salário mínimo do que os tragicamente inadequados US$7,25 por hora para algo em torno de US$10, por causa da pressão dos funcionários do McDonald's, ou US$15 dólares, por pressão dos tripulantes das companhias aéreas.

Os ricos são míopes e não conseguem enxergar nada além de suas mansões e piscinas. Só podemos esperar que mais membros da classe dos super-ricos, como Bill Gates, Warren Buffett, Ted Turner e outros enxerguem o quadro global e apoiem um sistema tributário com uma alíquota

MINHAS AVENTURAS EM MARKETING | 133

de imposto mais elevada para os ricos e sem brechas que deixem Warren Buffett envergonhado pelo fato de sua secretária pagar uma alíquota de imposto muito mais alta sobre sua renda do que ele. Bill Gates e Warren Buffett organizaram The Giving Pledge [Promessa de Doação], que foi assinada por 132 bilionários que prometeram doar uma parcela substancial de sua riqueza para melhorar as condições no país.

30. Como lidar com a desilusão nacional

Toda nação se esforça ao máximo para fazer seu povo se sentir especial. Os franceses se sentiram excepcionais ao principiar a Revolução Francesa em defesa da liberdade, da igualdade e da fraternidade. A Grã-Bretanha, no auge do Império Britânico, se sentiu excepcional. E a Rússia sentiu o mesmo no apogeu do comunismo.

Nos Estados Unidos, chamamos isso de "excepcionalismo" e afirmamos que somos um povo superdotado com talentos que não são encontrados em nenhum outro lugar. O cientista político Seymor Martin Lipset via os Estados Unidos desenvolvendo uma ideologia exclusivamente norte-americana, baseada em liberdade, igualitarismo, individualismo, populismo e no *laissez-faire*. Orgulhávamo-nos de ter mais mobilidade ascendente devido à inexistência de barreiras entre as classes sociais. Alguns conservadores veem os Estados Unidos como o "país de Deus", que dá o exemplo nas esferas da ciência, tecnologia, democracia e direitos humanos para as nações europeias e de outros continentes.

MINHAS AVENTURAS EM MARKETING | 135

Sim, de fato os norte-americanos podem se orgulhar de várias contribuições que fizeram para o mundo mais amplo. Primeiro, há a instituição de uma das democracias e constituições mais bem-sucedidas da humanidade. Segundo, os Estados Unidos se tornaram a nação mais poderosa do século XX em poderio militar e comercial e também no tamanho do PIB. Suas empresas e marcas são conhecidas no mundo inteiro. Terceiro, os Estados Unidos têm contribuído de maneira importante com a nova ciência e as artes para o restante do mundo. Empresas como Facebook, Google, YouTube, Twitter, Amazon e outras são usadas no mundo inteiro. Por meio dessas e de muitas outras maneiras, os Estados Unidos dão um conjunto marcante de contribuições para o restante do mundo.

No passado, nas ocasiões em que viajei para a Europa e para a Ásia, tive a sensação de que os cidadãos dos outros países nutriam especial respeito pelos cidadãos dos Estados Unidos. Alguns tinham vontade de se mudar para o país e se tornar cidadãos norte-americanos. No outro extremo, havia pessoas e grupos que preferiam nos atacar por causa de nossas políticas ou por nossa tendência materialista ou mesmo por nosso consumismo.

Em uma recente viagem à Ásia, percebi uma atitude diferente com relação aos Estados Unidos. Em vez de as pessoas se preocuparem com os Estados Unidos e com seu impacto na vida delas, não pensavam muito a respeito desse país. A Ásia estava mais concentrada nos seus próprios sucessos, especialmente no fato de suas economias estarem crescendo mais de 6% ao ano, enquanto a dos Estados Unidos mal estava conseguindo crescer 2%. A Ásia não pensava muito nos Estados Unidos porque estava concentrada em seu próprio "excepcionalismo".

136 | PHILIP KOTLER

Quando voltei aos Estados Unidos, compreendi que os cidadãos norte-americanos haviam sofrido uma série de choques que abalaram sua autoimagem.

- A União Soviética lançou o Sputnik 1 em uma órbita baixa elíptica em torno da Terra no dia 4 de outubro de 1957. Os norte-americanos ficaram aturdidos e imediatamente aumentaram o financiamento de nosso programa espacial para recuperar a liderança no espaço. Conseguimos restabelecer essa liderança ao colocar o primeiro homem na Lua, Neil Armstrong, em 21 de julho de 1969, que pronunciou as famosas palavras: "Este é um pequeno passo para o homem, mas um passo gigantesco para a humanidade."
- O fantástico crescimento do Japão nas décadas de 1970 e 1980 em indústrias como de automóveis, motocicletas, relógios, câmeras, instrumentos óticos, aço, construção naval, pianos, zíperes, rádios, aparelhos de televisão, videocassetes e calculadoras de bolso nos mostrou que estávamos perdendo a liderança em certas indústrias e que o Japão estava superando nosso desempenho nas áreas de gestão e de marketing. O golpe em nosso ego aconteceu em 31 de outubro de 1989, quando o Rockefeller Center, o Rádio City Music Hall e outros prédios da área central de Manhattan venderam o controle para a Mitsubishi Estate Company, de Tóquio, uma das maiores incorporadoras imobiliárias do mundo.
- O atentado de 11 de setembro de 2001 às Torres Gêmeas em Nova York abriu uma ferida profunda em nossa alma nacional. Perdemos 3 mil pessoas,

MINHAS AVENTURAS EM MARKETING | 137

e essa foi a primeira vez que um inimigo causou destruição dentro de nossas fronteiras.

- Começamos a ouvir dizer que nossos estudantes estavam ficando atrás dos de outras nações. O Programa Internacional de Avaliação de Estudantes [Program for International Student Assessment — PISA] classificou, em 2009, norte-americanos de 15 anos em 14º lugar em leitura, 17º em ciências e 25º em matemática em relação a alunos da Bélgica, da Estônia e da Polônia. Nas áreas de ciências, tecnologia, engenharia e matemática, nossos alunos da classe média alta foram significativamente superados em desempenho por estudantes de 24 países em matemática e de 15 países em ciências. Países da Ásia e do norte da Europa estavam treinando muito mais engenheiros do que nós. Os estudantes chineses passavam 12 horas por dia na escola, enquanto um terço dos alunos pré-universitários norte-americanos precisava de formação complementar.

- Tínhamos orgulho de pensar que nosso sistema de saúde era o melhor do mundo, mas algumas pesquisas demonstraram que estávamos gastando quase 20% do nosso Produto Interno Bruto com a saúde, o que equivalia ao dobro do dispêndio de outros países desenvolvidos que estavam obtendo os mesmos, ou melhores, resultados na área da saúde.

- Travamos várias guerras a um custo elevado e deixamos de alcançar nossos objetivos. Perdemos a Guerra do Vietnã e obtivemos resultados questionáveis no Irã e no Afeganistão. Pense no que

138 | PHILIP KOTLER

esse dinheiro poderia ter realizado se tivesse sido
gasto no melhoramento de infraestrutura, saúde
e educação.

- Os norte-americanos sempre se orgulharam de ter
alta mobilidade para escapar da pobreza. No entanto, hoje, a maioria das nações da Europa Ocidental
e de língua inglesa apresenta taxas de mobilidade
superiores às dos Estados Unidos. Nossa mobilidade é menor do que a do Canadá, da Austrália
e dos países nórdicos, e provavelmente também
menor do que a da Itália, da França, da Alemanha
e do Reino Unido.

- Por fim, houve o colapso financeiro de 2008, resul-
tante de práticas bancárias perniciosas e hipotecas
excessivamente liberais, que causou não apenas a
maior perda financeira para os Estados Unidos,
como também graves danos à economia mundial.
O resultado foi desemprego generalizado, falências
e a insolvência iminente de países como Portugal,
Itália, Grécia e Espanha que correram o risco de
não conseguir pagar suas contas. Cada vez mais
surgiram dúvidas a respeito da capacidade de o
sistema capitalista proporcionar crescimento cons-
tante e empregos para todos. Nos Estados Unidos,
algumas evidências apontam que, enquanto os
ricos continuavam a aumentar sua renda e riqueza,
os trabalhadores norte-americanos não estavam em
melhor situação em 2013 do que na década de 1970.

Todos esses eventos levaram mais norte-americanos a ques-
tionar seu "excepcionalismo". O futuro dos Estados Unidos
será, em grande medida, determinado pelas atitudes da

MINHAS AVENTURAS EM MARKETING | 139

nova geração no que diz respeito ao trabalho e à oportunidade. Muitos de nossos jovens são céticos a respeito de sua instrução lhes garantir ou não um emprego. Também têm dúvida se o emprego que conseguirem lhes proporcionará um padrão de vida de classe média. São céticos a respeito de serem capazes de pagar a enorme dívida que contraíram para frequentar a faculdade.

Quando uma nação perde sua principal definição do eu, está na hora de desenvolver uma identidade mais forte. O que os norte-americanos podem defender neste mundo em rápida transformação? Por muito tempo eles defenderam a "liberdade", a "democracia" e o "capitalismo". Eles continuarão a defender essas ideias cativantes. Os Estados Unidos também defenderam o Sonho Americano, visualizado como "uma família com um casamento feliz, morando em um bairro de bom nível e trocando de carro em intervalos de poucos anos". Esse Sonho Americano está perdendo força diante de rendas menores, do maior desemprego, da crescente concorrência internacional e das restrições ambientais.

A nova identidade que precisamos assumir é ser a força que viabilize um mundo melhor, e não apenas uma vida norte-americana melhor. Acreditamos que ajudamos a tornar o mundo mais seguro com nossas operações militares, mas agora devemos nos tornar os mentores da criação de um mundo mais pacífico e mais próspero. Podemos achar que é isso que temos feito por intermédio de nossos pacotes de ajuda aos países emergentes, como Egito, Jordânia, Líbano e outros. No entanto, essas doações não têm valor duradouro. Vamos retomar a visão que criou o Corpo da Paz durante o governo do presidente Kennedy. Vamos voltar à visão que organizou a importante iniciativa das Nações Unidas para acabar com a pobreza e a fome no mundo. Vamos voltar a

140 | PHILIP KOTLER

visão de ajudar os países a proteger o meio ambiente da erosão e da poluição do ar e da água. Vamos pensar mais basicamente a respeito do que constitui uma vida de qualidade em um mundo que está cada vez mais limitado do ponto de vista da renda e dos recursos. Thomas Jefferson via os Estados Unidos como um modelo para ajudar outras nações a assegurar seus objetivos com base nos direitos naturais e universais do homem, por meio da força moral, e não da força militar.

31. Bem-vindo à Era do Demarketing

A maior parte do mundo comercial passa o tempo tentando aumentar a demanda por produtos e serviços. No entanto, também precisamos de uma ciência de "demarketing" para ajudar a reduzir a demanda por certos produtos e serviços. Essa ciência seria aplicada para diminuir a demanda por produtos "viciantes", como drogas pesadas, cigarros e alimentos gordurosos. Também seria usada para reduzir a utilização de recursos escassos, como água, ar puro, determinados peixes e certos minerais. A Califórnia não tem água suficiente e, em Pequim, 9 mil cidadãos estão internados em hospitais com doenças respiratórias devido à falta de ar puro. Para algumas coisas, a tarefa não é o marketing, e sim o demarketing.

Em 1971, Sidney J. Levi e eu publicamos um artigo na *Harvard Business Review* intitulado "Demarketing, Yes, Demarketing". Argumentamos que tanto a escassez quanto o excesso podem ser problemáticos. Definimos demarketing como "... o aspecto do marketing que lida com a dis-

142 | PHILIP KOTLER

cussão dos clientes em geral ou de determinada classe de clientes em particular, de forma temporária ou permanente".

Hoje, muitas pessoas estão preocupadas com a "capacidade biótica máxima" do planeta de prover os recursos em escala necessária para sustentar a crescente população mundial, bem como suas necessidades e as das gerações futuras.

O conceito de "pegada ecológica" diz que precisaríamos dos recursos de seis a oito Terras adicionais se todas as pessoas no mundo desejassem alcançar o padrão de vida norte-americano à taxa atual de consumo de recursos. Uma geração pode explorar tão intensamente os recursos existentes — petróleo, água, ar, madeira, peixes — que a geração seguinte fica condenada a aceitar um padrão de vida mais baixo. À medida que os recursos da Terra forem diminuindo, poderemos ter de nos deslocar da Era do Marketing para a Era do Demarketing.

Que relação isso tem com a tomada de decisões empresarial? As empresas que abraçam a sustentabilidade precisam fazer algumas mudanças básicas em sua produção e estratégias e práticas de marketing. Paul Polman, CEO da Unilever, declarou o seguinte: "Nossa ambição é duplicar nosso negócio, mas fazer isso ao mesmo tempo que reduzimos nosso impacto e pegada ambiental... Isso precisa ser feito por meio de um consumo mais responsável..."

Se todas as empresas estabelecerem a meta de duplicar seu negócio, caso sejam bem-sucedidas, será impossível atingir a sustentabilidade. Se os países menos desenvolvidos, por um milagre, alcançassem o padrão de vida de classe média, a poluição, o tráfego aéreo e rodoviário, bem como os apagões, sufocariam nossa qualidade de vida. Alguma coisa entre uma meta de crescimento zero e um modesto crescimento faria mais sentido.

MINHAS AVENTURAS EM MARKETING | 143

As empresas voltadas à sustentabilidade precisam introduzir critérios claros para orientar seus programas de desenvolvimento de novos produtos, investir mais na reutilização e na reciclagem, e convencer seus *stakeholders* — funcionários, distribuidores, fornecedores e investidores — a combater o desperdício e aceitar alguns limites ao crescimento. As empresas terão de mudar seu pacote de remuneração para atingir melhor equilíbrio entre as metas de crescimento e a sustentabilidade. O CEO precisa receber uma remuneração com base na obtenção simultânea da taxa de crescimento planejado e da redução dos custos ambientais, segundo um percentual projetado.

A INTRODUÇÃO DO DEMARKETING

As empresas precisam incorporar o pensamento do demarketing à sua estratégia de gerenciamento da demanda. O demarketing é outro nome para *redução da demanda*. Quatro situações exigem redução da demanda.

1. *Gerenciar uma escassez existente.* O Oriente Médio tem escassez de água e precisa racioná-la para seus consumidores. Frequentes blecautes de energia em vários países requerem campanhas destinadas a desestimular o consumo desnecessário ou o desperdício de energia.

2. *Evitar uma possível escassez.* A pesca predatória precisa ser tolhida a fim de manter o suprimento de peixes. O corte de árvores precisa ser compatível com o replantio ativo.

144 | PHILIP KOTLER

3. *Minimizar o dano às pessoas*. São necessárias iniciativas para reduzir o consumo de cigarros, de drogas pesadas e de alimentos com elevado teor de açúcar, sal e gordura.
4. *Minimizar o dano à natureza e aos recursos especiais.* Dissuadir muitas pessoas de visitar o Yellowstone National Park e outras áreas turísticas excessivamente frequentadas.

Quais são as ferramentas do demarketing? Vamos analisar a tentativa da Rússia de desencorajar seus cidadãos a beberem vodca e outras bebidas alcoólicas em excesso. A dependência da vodca resulta em brigas, dissolução de casamentos, ferimentos e mortes. Os 4Ps atuam como uma estrutura de marketing inicial a ser adotada pelo governo russo e pelas ONGs para reduzir o consumo de álcool:

- Produto. O governo determinaria a redução da produção de vodca. Também poderia limitar a aquisição, permitindo que cada pessoa comprasse apenas um litro por semana.
- Preço. O governo aumentaria substancialmente o preço da vodca.
- Praça. O governo limitaria o número de pontos de distribuição que vendem vodca e tornaria a ida a esses pontos mais difícil ou inconveniente.
- Promoção. O governo faria propagandas e conduziria campanhas sobre o dano que o consumo excessivo de vodca causa às pessoas e às suas famílias.

Iniciativas de demarketing têm sido aplicadas a uma vasta gama de situações: persuadir os legisladores a limitar o número de licenças de caça e de pesca, dissuadir as pessoas

MINHAS AVENTURAS EM MARKETING | 145

de visitar os parques nacionais superlotados, convencer os hóspedes dos hotéis a pedir menos toalhas, convencer os proprietários de casas a usar menos ar-condicionado e eletricidade, persuadir os compradores de carros a comprar veículos que consumam menos combustível.

No entanto, é preciso tomar cuidado ao tentar reduzir a demanda por determinado objeto. Primeiro, a campanha de demarketing poderá tornar o produto ou serviço mais desejável: proibir um livro ou filme frequentemente tem esse efeito. Segundo, pode criar uma classe criminosa que prosperará durante a escassez induzida, como aconteceu durante a "Lei Seca" nos Estados Unidos, quando a bebida foi proibida. Terceiro, os defensores dos direitos humanos reclamarão da interferência do governo no que consideram direitos dos cidadãos.

O demarketing apresenta escolhas difíceis entre a liberdade individual e o bem público. Sem o demarketing, vivenciamos a Tragédia dos Comuns, em que todo mundo usa em excesso um bem público. Com o demarketing, vivenciamos uma limitação sobre nossa liberdade individual. O demarketing funciona melhor onde há um consenso elevado dos cidadãos no sentido de que o consumo de algum produto ou serviço deve ser reduzido.

32. Planejamento e organização da Cúpula Mundial de Marketing

Em 2010, depois de publicar, em coautoria com Nancy Lee, o livro intitulado *Up and Out of Poverty: The Social Marketing Solution*, compreendi que era preciso realizar um fórum de marketing que reunisse especialistas que aspiravam à criação de um mundo melhor, com menos problemas sociais. Sem dúvida, o Banco Mundial, o Fundo Monetário Internacional e as Nações Unidas trabalham para criar um mundo melhor. Mas eu tinha outra coisa em mente, algo que fora inspirado pelo Fórum Econômico Mundial (FEM), que ocorre anualmente em Davos, na Suíça, e atrai importantes representantes de governos, CEOs e acadêmicos proeminentes para discutir os problemas econômicos do mundo. Eu fora um orador convidado alguns anos antes. Lembro-me de ter aterrissado em Genebra, ter sido recebido pela equipe do FEM e conduzido a uma limusine na qual estava outro convidado, o ministro da Fazenda do Brasil. Conversamos enquanto a

MINHAS AVENTURAS EM MARKETING | 147

limusine percorria as estradas perigosas cobertas de neve que conduziam a Davos.

O FEM me deu a ideia de criar outro evento anual menor, porém semelhante, sem fins lucrativos, que se concentraria mais em questões de estratégia, gestão e marketing. O evento destacaria como a ciência e a arte da gestão e do marketing podem tornar o mundo um lugar melhor. Chamaríamos seu propósito de "tornar o mundo um lugar melhor por intermédio do marketing". Nós nos concentraríamos nas oito Metas de Desenvolvimento do Milênio (MDM) das Nações Unidas, aceitas pela maioria das nações em 2000. Entre elas estão a redução da pobreza e da fome, a melhora da educação, da saúde e do meio ambiente.

Realizamos a primeira sessão da Cúpula Mundial de Marketing [World Marketing Summit] (WMS) em Dhaka, Bangladesh, de 1º a 3 de março de 2012. Bangladesh, um país pobre, com 150 milhões de habitantes, precisava lidar com todos os problemas mencionados nas MDM. A primeira-ministra de Bangladesh, Sheikh Hasina, estava ansiosa por apoiar nosso encontro e pediu aos outros principais ministros, da energia, educação e finanças, que também preparassem suas palestras. Convidamos mais de sessenta especialistas em problemas sociais que discursaram para um público de 4 mil pessoas por um período de três dias. Entre os palestrantes estavam o professor Donald Schultz, dos Estados Unidos, que criou a área de Comunicações de Marketing Integradas, Hermann Simon, da Alemanha, que é especialista em empresas "campeãs ocultas" do mercado de nicho, Evert Gummesson, da Suécia, que é um líder em serviços de marketing, Walter Vieira, da Índia, que fez observações a respeito de programas na Índia que lidam com a pobreza e a fome, Hermawan Kartajaya, que propôs pro-

148 | PHILIP KOTLER

gramas para melhorar as condições na Ásia, e Nancy Lee, que narrou poderosas histórias de sucesso no marketing social. Convidamos também executivos da Unilever e de outras empresas para que nos dissessem o que estavam fazendo para criar um mundo melhor por meio do marketing.

Fatos a respeito da Cúpula Mundial de Marketing

- Essa foi a primeira Cúpula Mundial de Marketing.
- Contou com palestrantes eminentes (economistas, profissionais de marketing, psicólogos) de muitos países.
- Esperava-se a presença de mais de 3 mil delegados de diversos países.
- Seu tema: "Criar um mundo melhor por intermédio do marketing."
- A WMS se concentra em como o marketing pode melhorar a vida em quatro áreas: saúde, educação, meio ambiente e alimentação.
- A WMS é única ao estabelecer oito incubadoras progressivas em torno dos demais temas para promover o conhecimento e o bem-estar humano.

Os três dias foram de intensa atividade. Especialistas se encontraram com outros especialistas pela primeira vez. Além de ouvir excelentes palestras, também convidamos alguns acadêmicos para iniciar incubadoras. Cada uma delas lidaria com um problema diferente, e convidamos pesquisadores de todo o país para participar dessa iniciativa. Quatro incubadoras foram criadas com o objetivo de apresentar suas constatações em um encontro anual subsequente da WMS.

MINHAS AVENTURAS EM MARKETING | 149

Um dos destaques da viagem para os palestrantes era a visita ao famoso prédio do Parlamento de Bangladesh, projetado pelo famoso arquiteto Louis Kahn. Ele tem a aparência de uma fortaleza que permanecerá de pé nos próximos mil anos. O Parlamento não estava em sessão naquele dia, de modo que passeamos pela enorme sala imaginando as discussões políticas e os debates que ocorriam durante uma sessão diária.

Nosso sucesso no primeiro ano em Bangladesh foi seguido por uma conferência bem-sucedida da WSF em Kuala Lumpur, em 2013. Começamos a pensar se seria melhor realizar as WMS em diferentes locais a cada ano ou seguir o modelo de Davos e dar a elas um lar permanente. Decidimos escolher um lar permanente em algum lugar da Ásia. Quando nos reunimos com a então primeira-ministra da Tailândia, Yingluck Shinawatra, em Bangcoc, no dia 7 de março de 2013, ela disse que gostaria de sediar a WMS naquela cidade em 2014 e que, depois desse evento, discutiríamos uma possível sede permanente. Várias empresas tailandesas estavam prontas para fornecer apoio à conferência.

Infelizmente, teve início um forte movimento de protesto na Tailândia contra uma proposta de lei que permitiria que o ex-primeiro-ministro, Thaksin, retornasse ao país. Então, por causa dos intensos distúrbios políticos, decidimos transferir a WMS 2014 para Tóquio. Os japoneses nos receberam muito bem e estão nos oferecendo forte apoio. A WMS 2014 ocorreu nos dias 24 e 25 de setembro em Tóquio, uma das cidades mais interessantes do planeta.

33. O grande talento do Japão abala o mundo na década de 1980

No início de 1980, dei aulas para uma turma de CEOs na Escola Kellogg de Administração. Fiquei surpreso quando um dos CEOs fez a acusação de que eu, professor Kotler, havia causado as profundas perdas econômicas que os norte-americanos sofreram para os japoneses. Pedi que ele defendesse sua declaração. Ele disse que os japoneses tinham lido o meu livro *Administração em marketing*, escolhendo-o como a sua "bíblia de marketing" e aplicado rigorosamente os princípios do marketing para derrotar diversas indústrias dos Estados Unidos. Imediatamente contra-ataquei, dizendo: "Mas todos os empresários leem esse livro e podem aplicar seus princípios e estratégias. Talvez a diferença seja que os japoneses acreditam no que eu digo e os norte-americanos, não. Talvez os japoneses acreditem que 'melhores produtos' são a essência do marketing, enquanto os norte-americanos acreditam que uma 'propaganda melhor' é a essência do marketing."

MINHAS AVENTURAS EM MARKETING | 151

Esse episódio levantou uma questão interessante. Como o Japão conseguiu milagrosamente se recuperar da devastação que se seguiu à Segunda Guerra Mundial para se tornar um grande líder industrial em automóveis, motocicletas, relógios, câmeras, instrumentos óticos, aço, construção naval, pianos, zíperes, rádios, aparelhos de televisão, videocassetes e calculadoras de bolso? Além disso, as empresas japonesas estavam rapidamente avançando para a segunda posição em computadores e equipamentos de construção, e fazendo grande progresso nas indústrias química, farmacêutica e de máquinas operatrizes.

No verão de 1982, publiquei minha visão da resposta em "The World's Champion Marketers: The Japanese" (*Journal of Business Strategy*, v. 3, nº 1, pp. 3-13). Precisei de coragem para usar esse título porque os norte-americanos achavam que haviam inventado o marketing e continuavam a ser os líderes nessa área. Eu disse que muitos fatores ajudaram o Japão a obter a liderança em vários mercados importantes, inclusive o conhecimento superior que tinham do marketing. Entre os fatores, estão:

- O Japão utilizou um sistema consensual de tomada de decisões. Eles usaram a comunicação de baixo para cima, com múltiplos participantes, para fazer um exame profundo nas alternativas de decisão. Embora esse fosse um processo lento, uma vez que a decisão era tomada, a empresa rapidamente a implementava.
- As práticas japonesas de pessoal, como emprego vitalício, sistemas de sugestões dos trabalhadores, excelente treinamento, sistemas de rodízio e círculos de qualidade, contribuíam para a elevada lealdade

à empresa. O Japão também operava um sistema muito rígido de contenção de custos, eficiência da produção e projeto e qualidade do produto.

- As estreitas relações de trabalho entre governo, empresas e mão de obra desempenhavam um importante papel. As empresas comerciais integradas, o apoio e os subsídios do governo, e o fácil acesso aos bancos japoneses, contribuíram para o sucesso das companhias.

- O Japão se beneficiava dos estreitos vínculos entre os fabricantes e seus fornecedores e distribuidores, bem como da elevada ética de trabalho de seus funcionários. Os baixos salários do Japão também conferiam ao país vantagem competitiva, bem como a disposição de aceitar lucros menores ao buscar uma fatia maior de mercado.

- As próprias indústrias do Japão se beneficiavam de uma grande concorrência interna. A indústria automotiva japonesa abarcava nove empresas de automóveis, não as três que existem nos Estados Unidos; quatro empresas de motocicletas, em contraste com uma nos Estados Unidos, a Harley Davidson; uma dúzia de fabricantes de câmeras e vários fabricantes de calculadoras de bolso e aparelhos portáteis. As empresas japonesas eram claramente experts em competir umas com as outras.

Embora todas essas vantagens funcionassem, o Japão aprendera uma lição mais crucial ainda, ou seja, que "o valor do cliente ganha". Você sempre consegue derrotar seus concorrentes se "oferecer um produto melhor por um preço mais baixo". Sabemos que oferecer um preço menor, em

MINHAS AVENTURAS EM MARKETING | 153

geral, é suficiente para tirar as vendas dos concorrentes, mas não trará os clientes de volta se o produto for comum ou decepcionante. As empresas japonesas se certificavam de que os seus produtos tivessem melhor qualidade, melhor projeto e algumas características inovadoras para garantir que os clientes iriam voltar mesmo que o preço tivesse de ser aumentado mais tarde.

A prática do marketing do Japão incluía a determinação cuidadosa das indústrias em que deveriam ingressar, dos segmentos de mercado em que deveriam atuar e as estratégias apropriadas que deveriam ser introduzidas em cada segmento de mercado. Fiquei tão impressionado com o conhecimento superior do marketing voltado ao cliente que, em 1985, publiquei *The New Competition* [A nova competição, em tradução livre] (Philip Kotler, Liam Fahey e Somkid Jatusripitak) para explicar o Japão e a nova concorrência. Mais adiante você encontrará a relação de outros artigos.

Alguns anos depois, o Japão começou a perder parte do ímpeto ascendente. Um advogado amigo me perguntou: "Por que a economia do Japão está desacelerando?" Respondi: "Isso é apenas temporário. Os Cinco Tigres estão sendo agressivos e a China está emergindo. Mas o Japão manterá a liderança e conquistará ainda mais indústrias."

Mais cinco anos se passaram, a estagnação do Japão continuou, e meu amigo advogado voltou a perguntar: "Por que a economia japonesa está estagnada?" Por que a economia japonesa ficou estagnada durante vinte anos? Acho que sei algumas das respostas:

- O sucesso japonês conduziu a certo de grau de arrogância ou convencimento de que seu sucesso continuaria por tempo indefinido.

154 | PHILIP KOTLER

- Os CEOs que sucederam aos primeiros grandes líderes e empresários que fundaram as empresas não tinham o mesmo nível de criatividade.

- A economia do Japão estava crescendo e proporcionou muitas oportunidades internas sem que as empresas precisassem ir para o exterior.

- As empresas japonesas conheciam a fabricação, mas não mantiveram sua compreensão acerca do marketing. Elas viam o marketing como um assunto P — promoção. Não nomeavam diretores de marketing [Chief Marketing Officers — CMOs] que poderiam participar do planejamento do futuro da empresa.

- As empresas japonesas levaram mais tempo para tomar decisões em comparação com as concorrentes, especialmente as da Coreia do Sul e de Taiwan.

- O emprego vitalício e a senioridade, em vez de serem meritórios, estavam limitando a resiliência do Japão.

- As empresas japonesas estavam começando a ser influenciadas pelo capitalismo de Wall Street, concentrando-se em resultados de curto prazo, em vez de planejarem resultados de longo prazo.

O que o Japão precisa fazer para reativar a sua economia? Eu recomendaria a seguinte receita de iniciativas:

- As empresas japonesas precisam se tornar mais inovadoras e desenvolver novos produtos, novos modelos de negócios, sistemas de distribuição e precificação. Elas precisam usar mais a cocriação e o *crowdsourcing*.

MINHAS AVENTURAS EM MARKETING | 155

- As empresas japonesas precisam deslocar algum dinheiro dos comerciais de 30 segundos para campanhas da mídia social e ouvidoria.
- As empresas japonesas precisam nomear diretores de marketing que participem da definição de estratégias para o futuro da companhia. As empresas japonesas precisam criar suas *marcas* e tomar *posições* com um propósito mais elevado sobre como estão contribuindo para tornar o mundo um lugar melhor.

Em junho de 2013, visitei e dei palestras no Japão para cerca de mil dirigentes de várias indústrias. Falei a respeito do meu novo livro, *Market Your Way to Growth: Eight Ways to Win*, e fui recebido com muito entusiasmo. Espero sinceramente que o Japão ingresse em um novo ciclo de crescimento.

1. Somkid Jatusripitak, Liam Fahey e Philip Kotler, "Strategic Global Marketing: Lessons from the Japanese", *Columbia Journal of World Business*, primavera de 1985, v. 20, nº1, pp. 47-53.
2. Philip Kotler e Liam Fahey, "Japanese Strategic Marketing: An Overview", *in Strategic Marketing and Management*, ed. Howard Thomas e David Gardner (Nova York: John Wiley & Sons, Inc., 1985), pp. 441-451.
3. Philip Kotler, "Meeting the New Competition from Japan and the Far East", *Journal of Global Marketing 4.*

34. Experiências maravilhosas no Japão

Ao longo dos anos, fiz várias viagens ao Japão, e cada uma delas foi interessante e fascinante. Meu primeiro contato com o país aconteceu por meio da minha amizade com o professor Ferdinand Mauser, que lecionava marketing na Universidade do Estado de Wayne, mas posteriormente se mudou para o Japão e passou a lecionar na Universidade Keio. Ferdinand se dedicava a pensar a respeito de valores e virtudes mais abrangentes, como defender a sustentabilidade e dizer a seus alunos que respeitassem a natureza, uma atitude que ele assimilou por viver no Japão. Mauser influenciou muitos alunos japoneses. Eu o conheci porque ele havia selecionado seus melhores alunos na Universidade Wayne e os convencera a fazer doutorado em marketing na Escola Kellogg de Administração. Como resultado, a Kellogg treinou Richard Bagozzi, Gary Armstrong e Randall Schultz, que se tornaram eminentes acadêmicos na área.

Depois de lecionar durante vinte anos na Universidade Keio, Ferdinand deu uma guinada

MINHAS AVENTURAS EM MARKETING | 157

surpreendente em sua carreira quando um agente de talentos japonês reconheceu que ele seria o modelo ideal de um ocidental em anúncios japoneses. De repente, Ferdinand passou a aparecer em anúncios de jeans, de marcas famosas de sapatos italianos e de ternos ocidentais, aparecendo até mesmo em alguns vídeos japoneses. Trocamos ideias muitas vezes por correspondência a respeito de assuntos internacionais, e aprendi muito com a mentalidade japonesa de Ferdinand. Lamentavelmente, ele teve um derrame alguns anos depois de se aposentar e eu perdi um amigo querido.

Ferdinand havia feito amizade com o Sr. Masatoshi Ito, fundador e presidente do conselho de administração da Ito Yokado, que dirige a famosa rede 7-11 de lojas de conveniência, os restaurantes Denny's e várias outras empresas de varejo. Ferdinand me apresentou ao Sr. Ito, que me recebeu muito cortesmente. O Sr. Ito é um eterno aprendiz e conversamos muito a respeito do varejo e de economia, e ele sempre fazia anotações, o que eu também fazia enquanto conversava com ele. Não muito tempo depois, ele me escreveu dizendo que gostaria que seu filho Yasuhisa estudasse comigo na Kellogg, e fiquei satisfeito em aceitá-lo na escola. Yasuhisa foi um excelente aluno e, recentemente, o reencontrei em Tóquio.

Na Kellogg, eu dei aulas para excelentes alunos japoneses que mais tarde dirigiram grandes empresas: Haruo Naito, CEO da Esai; Tadahiro Yoshida, presidente do conselho de administração da YKK; e Yoshimi Inaba, presidente da Toyota USA. Mitsuhiro Shibata, um de meus alunos favoritos na Kellogg, foi trabalhar para Ito Yokado, depois para a Disney, em seguida para Loro Piana e, finalmente, se tornou membro ativo do Clube de Budapeste, trabalhando pela causa da paz.

158 | PHILIP KOTLER

Ferdinand me apresentou ao professor Shoji Murata. Seus alunos o admiravam enormemente e, uma vez por ano, em um dia especial, os ex-alunos voltavam para saudá-lo e colocá-lo em dia a respeito das atividades a que estavam se dedicando. O evento se passava em uma piscina; Shoji ficava na água, em uma das extremidades, e os alunos, um por um, iam nadando até ele para cumprimentá-lo. Para mim, isso era altamente teatral. Foi igualmente teatral quando minha mulher e eu fomos convidados para jantar na casa de Shoji e, quando entramos, não o encontramos trajando suas roupas ocidentais do dia a dia, mas um elegante traje japonês tradicional que parecia o de um guerreiro samurai. Ele nos deu as boas-vindas com uma voz grave e profunda. Passamos uma noite encantadora com ele e sua esposa. Shoji também me apresentou a Mitsuaki Shimaguchi, um excepcional acadêmico da área de distribuição da Universidade Keio.

Minha mulher e eu apreciávamos a cultura japonesa, inclusive a cerimônia do chá, a arte floral, a arte bonsai, os jardins japoneses e a culinária. Visitamos e apreciamos os belos jardins japoneses em Kyoto.

Uma de minhas amigas especiais na Universidade de Northwestern e no Japão, Hiroko Osaka, que me ajudou muito durante minhas visitas ao país, convidou-me para o casamento de seu irmão em Tóquio, em fevereiro de 1995. Fiquei muito feliz por poder comparecer a um casamento japonês porque nunca assistira a um. Eu estava ansioso para ver que tipo de cerimônia *Shinto* ocorre em um casamento japonês. Tirei uma série de conclusões precipitadas, mas, no final, os jovens noivos japoneses optaram por um casamento no estilo ocidental. Era uma tendência da época, e eles se tornaram cristãos por um breve período, apenas durante o processo do casamento. No final das contas, não consegui assistir a um casamento japonês tradicional!

MINHAS AVENTURAS EM MARKETING | 159

Lembro-me de uma experiência incomum que tive em outra cidade japonesa em que dei uma palestra. Meu anfitrião organizou um jantar com dois convidados especiais dos quais me lembro vividamente. Um deles era um "tesouro nacional" do Japão na arte de fabricar espadas. Ele sabia que eu colecionava guarda-mãos japoneses (chamados *tsubas*). Ele trouxe uma bela espada que fabricara recentemente que eu admirei muito. Uma espada feita por ele seria vendida por US$1 milhão a colecionadores. Eu disse que lamentava não colecionar espadas, mas minha mulher se recusava a tê-las na casa em que morávamos e criávamos nossos filhos.

A outra pessoa no jantar era uma bela mulher japonesa. Ela se sentou ao meu lado durante o jantar e conversamos. Notei que alguns convidados estavam dando risinhos enquanto nos observavam. Em seguida, meu anfitrião disse que a mulher com quem eu estava conversando fazia uma excelente massagem e perguntou se eu estaria interessado. Respondi que sim. Eu me retirei para o meu quarto às 22 horas e pouco depois ouvi alguém bater à porta. Em vez da bela convidada, quem apareceu foi uma mulher madura dizendo que fora enviada para fazer uma massagem em mim. Meu anfitrião tinha feito uma brincadeira comigo. No entanto, a brincadeira era mais profunda do que isso. A bela e esguia mulher com quem eu conversara durante o jantar não era uma mulher! Se eu tivesse assistido à televisão japonesa, saberia que "ela" era um homem famoso que se fazia passar por mulher! Podia ter sido Akihiro Miwa ou Karsele Maki. Nunca me esqueci do senso de humor do meu anfitrião naquela noite.

35. Colecionando *netsukes* e *tsubas* japoneses

Certo dia, há 42 anos, minha filha Amy, então com 11 anos, e eu entramos em uma loja de antiguidades em Harvard Square. Ela avistou uma pequena figura de marfim "engraçadinha" de um macaco que estava em oferta. O comerciante cobrou US$100 e eu a comprei para Amy. Eu nem poderia imaginar que posteriormente iria me tornar um grande colecionador de *netsukes* japoneses.

Essas pequenas figuras de marfim "engraçadinhas" ajudaram a construir meu amor e compreensão da cultura japonesa. Fico surpreso com o fato de que muitos japoneses, principalmente os mais jovens, sabem muito pouco a respeito dos *netsukes*. Quando conheço jovens japoneses, costumo contar o seguinte:

Antes da década de 1870, os homens e as mulheres japoneses usavam quimonos e um cinto chamado *obi*. Os quimonos não tinham bolsos. Como, então, os cidadãos japoneses iriam carregar suas moedas, tabaco e remédios? A resposta era amarrar uma corda na bolsa de dinheiro ou

MINHAS AVENTURAS EM MARKETING | 161

de remédios (*inro*) e passar a corda ao redor do *obi* com a ponta amarrada a um objeto com certo peso que tivesse um furo (*himotoshi*). O objeto, em geral, era feito de marfim (ou madeira, barbatana de baleia ou outros materiais) e esculpido em um tema japonês familiar, como um animal, um inseto, uma pessoa ou um personagem imaginário.

Com frequência, um latifundiário japonês incumbia um escultor especialista em *netsukes* de esculpir um *netsuke* de interesse pessoal do latifundiário. Este ficava satisfeito quando seus companheiros notavam o refinado *netsuke* nos chás e nas reuniões públicas.

Comecei a colecionar *netsukes* quando visitei galerias de arte e de antiguidades em Nova York, São Francisco, Londres, Havaí, Tóquio e Kyoto. Conheci negociantes interessantes e versados que ensinaram tanto a mim quanto à minha esposa os pormenores do conhecimento especializado em *netsukes*. Ingressei na Netsuke Society, passei a receber sua revista ilustrada mensal e aguardava com prazer a chegada da edição seguinte com as belas fotos e os artigos sobre *netsukes*.

Lembro-me de ter participado no Havaí do encontro da World Netsuke Society, com uma semana de duração, no qual trezentos colecionadores do mundo inteiro se reuniram, entre eles celebridades como Hans Conried (ex-astro de Hollywood) e Arthur Murray (fundador do famoso estúdio de dança). Contamos histórias uns para os outros e compramos e vendemos *netsukes*. Logo me vi sob a influência de Raymond Bushell, advogado norte-americano casado com uma japonesa, que se tornou um famoso colecionador e autoridade em *netsukes* japoneses. Seus livros sobre *netsukes* são clássicos, e sua famosa coleção está hoje em exibição em São Francisco no famoso DeYoung Museum. Outra

162 | PHILIP KOTLER

excelente coleção de *netsukes*, doada por Virginia Atchey, é encontrada no Victoria and Albert Museum em Londres. Uma das mais refinadas coleções de *netsukes* é a do príncipe e da princesa Takamado. Tive o prazer de conhecer a princesa em 2014 e trocar com ela histórias sobre os *netsukes*.

Recentemente, foi publicado um livro maravilhoso — *A lebre com olhos de âmbar* —, que reviveu o interesse mundial pelos *netsukes*. Seu autor, Edmund de Waal, descende de uma famosa família judaica que possuía uma magnífica coleção de *netsukes*, passada de geração em geração. No entanto, na época do nazismo, a coleção precisou ser escondida, mas acabou sendo salva.

Minha paixão pelos *netsukes* culminou com a publicação de meu artigo "Judging Quality in Netsuke" na edição de março-abril de 1976 da revista *Arts of Asia*. O artigo descreve as dez características que tornam um *netsuke* uma obra-prima: originalidade, mérito estético, adequabilidade funcional, habilidade artesanal, força vital, atratividade tátil, idade, condição, popularidade do tema, assinatura e "pedigree".

Espero que mais japoneses voltem a conhecer e apreciar os maravilhosos entalhes dos artistas de *netsuke*. O trabalho deles é tão esplêndido que, até hoje, alguns artistas independentes que vivem em diferentes partes do mundo ainda esculpem *netsukes*, embora tenham perdido a função de ser um peso destinado a equilibrar uma bolsa ou *inro* na outra extremidade de uma corda.

Minha outra paixão no que diz respeito a objetos japoneses é colecionar os requintados guarda-mãos (chamados *tsubas*) das espadas. A partir de 28 de março de 1876, passou a ser proibido usar espadas japonesas em público (Decreto de Proibição da Espada), como medida de segurança pública.

No entanto, as pessoas continuaram a colecionar suas belas espadas e os diversos componentes, como *tsubas, menuki, fuchis* e *kashiras*. Minha mulher, sensatamente, não quer espadas em nossa casa, de modo que ficamos satisfeitos em colecionar os belos guarda-mãos. Eles são feitos de ferro ou de metais mais finos e, com frequência, contêm prata ou ouro nas cenas pictóricas. Minha tristeza é que todo *tsuba* japonês foi um dia parte de uma espada completa, mas o tempo e as circunstâncias levaram os componentes de uma complexa espada japonesa a serem vendidos separadamente. A espada japonesa é outro bom exemplo da estética e da habilidade técnica superiores dos artesãos japoneses.

36. Colecionando arte contemporânea em vidro (e doando a coleção para meu museu favorito)

Existem duas classes de pessoas no mundo: as que colecionam alguma coisa e as que não colecionam nada. O primeiro grupo é muito variado, já que coleciona muitas coisas: obras de arte, moedas, selos, botões, cartões de beisebol, autógrafos e até mesmo *netsukes* e *tsubas* japoneses, como no meu caso. Minha esposa e eu também colecionamos outra coisa que se chama *arte contemporânea em vidro*.

Todos conhecem o vidro em sua forma prática de janelas, tubos de ensaio, tigelas, pratos e azulejos. O público tem menos conhecimento a respeito do vidro como um veículo estético. Até mesmo na Roma antiga alguns vidreiros criavam belos recipientes de vidro. Na década de 1840, na França, artistas que trabalhavam com vidro criavam belos pesos de papéis que ostentavam flores, frutos e outros elementos pictóricos. No final do século XIX, artistas franceses, alemães, italianos e tchecos criavam belas obras de arte em vidro.

MINHAS AVENTURAS EM MARKETING | 165

Foi somente em 1962 que Harvey Littleton, trabalhando primeiro na Universidade de Wisconsin e depois no Museu de Arte de Toledo, deu início ao movimento Studio Glass. Ele descobriu, junto com Dominick Labino, como criar objetos de vidro em um pequeno forno sem os recursos de uma grande fábrica. Isso marcou o início do movimento Studio Glass, que hoje reúne milhares de artistas e colecionadores no mundo inteiro.

Nancy e eu vimos nossos primeiros exemplos de arte contemporânea em vidro na casa de amigos que haviam começado a colecionar peças. Ficamos fascinados com a beleza e a complexidade dessas obras de arte e logo também nos tornamos entusiásticos colecionadores.

O mais famoso artista nessa área é Dale Chihuly, cujo estúdio é conhecido como Boat House, em Seattle. Dale perdeu a visão de um dos olhos em um acidente de automóvel e teve de parar de criar obras em vidro, mas fez o esboço de muitas obras para orientar outros artistas que trabalhavam para ele. Criou muitas séries, entre elas a Seaform Series [Série de Formas Marinhas], esculturas transparentes de vidro fino, com reforço de nervuras coloridas; Macchia Series [Série Macchia], que ostenta todas as cores disponíveis no estúdio; Persian Series [Série Persa], inspirada no vidro do Oriente Médio do século XII ao XIV, exibindo uma cor mais contida e instalações do tamanho de um aposento; Venezian Series [Série Veneziana], improvisações baseadas na art déco italiana; Ikebana Series [Série Ikebana], arranjos de flores em vidro inspirados no ikebana; Niijima Floats [Balsas Niijima], esferas de 1,80 metro de cores complexas inspiradas em balsas de pesca japonesas de vidro da ilha de Niijima; e Chandeliers [Candelabros] e Glass Trees and Botanicals [Árvores e Plantas de Vidro]. Hoje, suas peças

166 | PHILIP KOTLER

são encontradas em um número maior de museus do que as de qualquer outro artista vivo.

Embora as peças de Dale sejam principalmente conhecidas por sua beleza, nós nos sentíamos mais atraídos por aquelas que encerravam uma qualidade ou significado narrativo. Uma de nossas peças mostra uma mulher e um homem sentados em poltronas confortáveis de frente um para o outro. A mulher está inclinada para a frente falando e o homem está recostado, ouvindo. Quem são eles? Uma paciente com o psiquiatra? Ou será uma mulher narrando algo para o marido cansado? A peça desperta diferentes interpretações, de diferentes observadores.

Outra peça de nossa coleção mostra quatro pessoas, e três delas parecem estar gritando enquanto uma quarta está olhando para baixo e lendo um livro. Elas estão em um jogo de futebol em que três estão altamente envolvidas com o espetáculo e a outra está menos interessada? Ou as quatro são vítimas do Holocausto e estão enfrentando seu sombrio destino de maneiras diferentes?

Também colecionamos obras mais abstratas, mas, em geral, aquelas que sugerem um significado além da peça. Temos uma obra que mostra dois objetos circulares — um maior do que o outro — apoiados em uma plataforma inclinada e ladrilhada, a qual, por sua vez, repousa sobre uma pedra resistente. Minha interpretação: Nancy está correndo atrás de um de nossos filhos, enquanto eu (a pedra) sustento a plataforma e a família, embora nem mesmo eu esteja em solo firme.

Compreendemos que colecionar arte também envolve relacionar-se com colecionadores e negociantes. Fomos convidados para ingressar no Conselho de Administração da Art Alliance for Contemporary Glass (AACG) e, de ime-

MINHAS AVENTURAS EM MARKETING | 167

diato, conhecemos sessenta outros entusiásticos membros do Conselho que colecionavam obras contemporâneas de vidro. Visitamos regularmente negociantes em Chicago, Nova York, Detroit, Denver, Veneza e Praga, e os conhecemos bem. Participamos do Glass Weekend em Wheaton, Nova Jersey, a cada dois anos para encontrar negociantes e colecionadores e ouvir palestras de artistas que trabalham com vidro e de críticos.

A moral da história é que apreciamos muito colecionar 150 obras de arte contemporâneas em vidro e abrir a nossa casa para visitantes e colecionadores. Temos caras lembranças de muitas experiências interessantes na nossa aventura no mundo do vidro.

Chegamos a um ponto em que estávamos colecionando objetos de arte em vidro havia 25 anos e começamos a pensar no destino que daríamos à nossa coleção. As nossas três filhas gostavam especialmente de algumas peças, mas suas casas não poderiam acomodar uma coleção tão grande. Nós nos vimos diante da alternativa de vender nossas peças por intermédio de uma das grandes casas de arte, como a Sotheby's ou a Christie's. Ou poderíamos doar nossa coleção para um grande museu.

Escolhemos esta última opção. Como morávamos em Sarasota, na Flórida, entramos em contato com o Ringling Museum of Art, o 16º maior museu de arte dos Estados Unidos. O Ringling tem uma magnífica coleção de arte barroca e recentemente adicionou uma ala de arte contemporânea. Também recentemente, o museu adquiriu uma importante coleção de fotografias e demonstrou forte interesse em ficar com a nossa coleção. Tivemos o prazer de doar trinta peças para uma exposição de inauguração em novembro de 2013, e doaremos mais peças no futuro. A exposição continuou até junho de 2014 e atraiu um grande público e excelentes comentários.

Nesse ínterim, apreciamos ter conosco, em casa, em Sarasota, a maior parte de nossa coleção de vidro, e também podemos ver com frequência as peças que doamos, já que o museu fica a 16 quilômetros de distância. Dessa maneira, compartilhamos a nossa coleção de vidro com um público muito vasto, ao mesmo tempo que continuamos a desfrutar de nossa coleção em nosso lar.

37. Meu caso de amor com a Suécia

Há muitos anos, li um livro de autoria de Marquis Childs intitulado *Sweeden: The Middle Way* [Suécia: o caminho do meio, em tradução livre] (publicado em 1936). Childs mostrava como a Suécia estava moldando uma sociedade que se situava entre os extremos do capitalismo e do comunismo, o que poderia ser chamado de socialismo liberal. O livro descreve o movimento cooperativo na Suécia, a moradia para os trabalhadores subsidiada pelo Estado, o movimento do bem-estar social e outros avanços.

Há muito tempo, a Suécia vem se empenhando em criar uma sociedade melhor e mais saudável. Por exemplo, ela racionou as bebidas alcoólicas, e os cidadãos com mais de 21 anos precisavam registrar suas compras do produto. Além disso, a quantidade que as pessoas podiam comprar era muito restrita. O Estado monopolizou a distribuição das bebidas alcoólicas e as lojas são administradas por um monopólio estatal. Desde que começavam a frequentar a escola, as

170 | PHILIP KOTLER

crianças aprendiam os riscos de fumar, beber em excesso e usar drogas pesadas. Essa imagem da Suécia me encantou, no sentido de que a sociedade sueca estava tentando educar seus cidadãos para serem pessoas responsáveis, saudáveis e produtivas.

Também fiquei impressionado com a brilhante capacidade de administração quando mudaram suas regras de trânsito e passaram a dirigir do lado direito da estrada. Na época, a Suécia era o único país na Europa continental com a mão pela esquerda. O governo definiu dia e hora específicos em que todos os carros suecos teriam que trocar de um lado para o outro na estrada e passou quatro anos informando a todos os motoristas suecos que a mudança seria feita exatamente às 5 horas da manhã (horário em que o tráfego é menos intenso) do dia 3 de setembro de 1967. O alto custo seria alterar o tráfego dos ônibus e dos bondes com os veículos, plataformas etc., bem como mudar as saídas e as entradas nas estradas e, especialmente, as placas rodoviárias. Desse modo, teve início um grande programa de reconstrução de ruas e estradas, o que também conduziu a uma modernização geral do sistema rodoviário. A mudança ocorreu na hora determinada, com alto-falantes gritando: "Está na hora de mudar." Embora a mudança tenha causado grandes engarrafamentos, ninguém se machucou. Essa foi uma das maiores e mais bem-sucedidas campanhas de marketing social no mundo cujo objetivo era uma mudança de comportamento.

Em 1991, recebi um telefonema do Sr. Christer Engleus, que dirigia uma agência de palestrantes chamada Informationskollegiet, convidando-me para dar uma palestra de um dia inteiro em Estocolmo sobre o importante papel

MINHAS AVENTURAS EM MARKETING | 171

do marketing na criação da prosperidade econômica. O dia começaria às 9 horas e iria até as 17 horas, o que equivalia a seis horas, considerando os dois intervalos, para o café e o almoço. Acertamos as condições financeiras e, assim, teve início um relacionamento de amizade que continua até hoje. Christer é um dos raros empresários de marketing que poderiam administrar, com sucesso, qualquer negócio. Ele me convidou posteriormente para voltar a Estocolmo todos os anos, em setembro, para um "Dia de Kotler". Meu seminário anual atraía entre oitocentos e 1.200 gerentes e CEOs. Lembro-me da última sessão em 2005 quando Christer colocou placas em toda a cidade com os dizeres "Kotler está chegando". E quando chegava a hora de cada seminário, Christer apresentava o programa sem que eu estivesse visível e tocava o tema de *Carruagens de Fogo*. Então, eu saía de trás da cortina, caminhava até a tribuna ao som de aplausos e começava a minha palestra.

O último Dia de Kotler anual em Estocolmo foi em 2005, depois de se repetir por 14 anos. Christer Engleus me disse que estava mudando de carreira, de modo que, em vez de administrar uma agência de palestrantes na Escandinávia, lançaria um novo serviço de namoro on-line, também na Escandinávia. Ele fez uma brincadeira dizendo que seria uma boa maneira de conhecer outras mulheres, uma vez que seu casamento havia terminado. Ele lançou o First Date na Suécia (firstdate.com), que hoje é um dos serviços de namoro mais bem-sucedidos. Em uma carta recente, ele me disse o seguinte: "Estamos prestes a deixar a segunda posição e ocupar o primeiro lugar em menos de 24 meses." A sua ambição é expandir o site para a Europa e se tornar

172 | PHILIP KOTLER

o principal serviço de namoro do continente. Ele também oferece uma Garantia de Namoro para seus Membros do Clube Gold, o que significa que, se eles não conhecerem alguém de quem gostem no intervalo de seis meses, ele restituirá integralmente o valor pago. Não há nada mais eficaz do que uma pessoa que combine "marketing + inovação" para garantir o sucesso.

Anteriormente, em 1998, eu recebera um telefonema da Universidade de Estocolmo, informando-me que eu iria receber um título *honoris causa* e que fora indicado pelo professor Evert Gummesson, da Universidade de Estocolmo. Fiquei encantado e peguei um avião para a cidade, onde me reuni a vários outros ilustres homenageados que também estavam recebendo um *honoris causa* em suas áreas de competência. Cada um de nós recebeu instruções sobre como saudar o rei da Suécia, Carl XVI Gustaf, e sua encantadora esposa, rainha Silvia. Esse foi o meu primeiro contato com a realeza e prestei bastante atenção em como deveria mover uma das mãos para receber o título e apertar a mão do rei com a outra.

O professor Evert Gummesson influenciou muito o meu modo de pensar. Enquanto a maioria dos acadêmicos do marketing nos Estados Unidos estava formulando teorias a respeito do marketing de produtos, Evert criou o pensamento sobre o marketing de serviços e publicou seu livro a respeito do assunto em 1977. Mais tarde, publicou outro livro inovador, *Total Relationship Marketing* [Marketing de relacionamento total, em tradução livre], abordando trinta relacionamentos que os profissionais de marketing, em tese, poderiam ter de controlar. A obra foi citada como o Melhor Livro de Marketing do Ano pela Federação de Mar-

MINHAS AVENTURAS EM MARKETING | 173

keting Sueca; em 1999, ganhou o Prêmio Chris Ottander, hoje está traduzido em dez idiomas e, em breve, terá sua quarta edição publicada. Evert e eu somos amigos próximos há mais de vinte anos, e respeito muito as suas ideias.

Assim, a Suécia continua a ser um país que tem lugar especial no meu coração.

38. A bela Indonésia e o Museu de Marketing 3.0

A primeira oportunidade que tive de visitar a Indonésia foi por intermédio de um convite do Sr. Hans Manadalas. Hans administrava uma agência de palestrantes e, certa vez, levara Peter Drucker para dar uma palestra nesse país. Ele escreveu para mim e me convidou para apresentar um seminário de um dia em Jacarta. Embora o voo de Chicago a Jacarta dure, pelo menos, 17 horas, eu desejava conhecer a Indonésia, país que tem 242 milhões de habitantes, e ter contato com sua história e seus tesouros. Em 1981, dei uma palestra para setecentos gerentes indonésios independentes, e Hans me convidou para voltar em outra ocasião para dar uma palestra em Bali. Minha mulher e eu ficamos hospedados em um famoso hotel ecológico de luxo, onde nos deleitamos com a beleza de Bali e com as maravilhosas pinturas e esculturas de seus artistas. Tive certeza de que voltaríamos outras vezes.

A vez seguinte em que retornei à Indonésia aconteceu em consequência de um encontro for-

MINHAS AVENTURAS EM MARKETING | 175

tuito em Moscou. Fui convidado para dar uma palestra em Moscou sobre o que é o marketing e como usá-lo. *Administração de marketing* foi o primeiro livro de marketing a ser traduzido na Rússia. A palavra "marketing" não existia em russo e o editor teve que usá-la por não haver uma equivalente no idioma. O bizarro foi que a edição russa continha apenas 222 das seiscentas páginas da minha edição norte-americana, o que me fez pensar que eles tinham deixado de fora todas as referências ao capitalismo e ao atendimento ao consumidor. O tradutor me disse que toda tradução precisava ser aprovada pelos censores e, obviamente, meu livro os deixou bastante ocupados.

Um dos outros palestrantes no programa de Moscou era Hermawan Kartajaya. Eu não conhecia Hermawan, e ele me abordou dizendo que aprendera marketing com meus livros. Ele havia fundado uma empresa em Jacarta chamada Mark Plus que oferecia consultoria de marketing, treinamento em marketing e pesquisa de marketing para clientes indonésios. Tínhamos muito o que conversar, e foi em um desses momentos que compreendi que Hermawan iria se tornar um amigo próximo, embora vivêssemos afastados por 13 mil quilômetros.

Pouquíssimo tempo depois, Hermawan me convidou para dar uma palestra em Jacarta. Ele também me levou para visitar o seu prédio de cinco andares e me apresentou a uma equipe de marketing muito talentosa. Ele criou teorias de processos de marketing e ciclos de vida. Mostrou-me seu artigo "The Eighteen Guiding Principles of the Marketing Concept" [Os 18 princípios orientadores do conceito de marketing, em tradução livre], no manual *Global Marketing Management* [Gestão de marketing global, em tradução livre], de Warren Keegan. O artigo de Hermawan foi um resumo perspicaz das ideias principais da disciplina do marketing.

176 | PHILIP KOTLER

Também fiquei impressionado com os amplos contatos de Hermawan com figuras importantes da Indonésia. Ele conhecia o primeiro-ministro, vários outros ministros e muitas personalidades sociais e políticas. Lembro-me de quando Hermawan me levou para conhecer o então presidente da Indonésia, Susilo Bamban Yudhoyono. As primeiras palavras do presidente depois de me cumprimentar foram que ele lera duas vezes meu livro *Marketing of Nations* — uma vez quando era ministro e outra quando se tornou presidente — e que aplicara muitas de minhas ideias sobre como acelerar o crescimento econômico.

Meu relacionamento com Hermawan veio a ser de profunda amizade e contínuo estímulo intelectual. Fomos coautores nos cinco livros relacionados a seguir:

- Philip Kotler e Hermawan Kartajaya, *Repositioning Asia: From Bubble to Sustainable Economy* [Reposicionando a Ásia: da bolha à economia sustentável, em tradução livre], Wiley, 2000.
- Philip Kotler, Hermawan Kartajaya, Hooi Den Hua e Sandra Liu, *Rethinking Marketing: Sustainable Marketing Enterprise in Asia* [Repensando o marketing: empresa de marketing sustentável na Ásia, em tradução livre], Prentice-Hall, 2003.
- Philip Kotler, Hermawan Kartajaya e David Young, *Attracting Investors: A Marketing Approach to Finding Funds for Your Business* [Atraindo investidores: uma estratégia de marketing para conseguir fundos para seu negócio, em tradução livre], Wiley, 2004.
- Philip Kotler, Hermawan Kartajaya e Hooi Den Hua, *Think ASEAN: Rethinking Marketing Toward ASEAN Community 2015* [Pense ASEAN: repen-

MINHAS AVENTURAS EM MARKETING | 177

sando o marketing na comunidade ASEAN 2015,
em tradução livre], McGraw-Hill, 2007.
- Philip Kotler, Hermawan Kartajaya e Iwan Setiawan,
Marketing 3.0 (Campus, 2010).

Nosso último livro, *Marketing 3.0*, desenvolveu a ideia de
que a prática do marketing pode passar por três estágios,
com a maioria das empresas estando no 1.0, seguidas por
muitas no 2.0 e algumas no 3.0. As empresas no estágio
1.0 são funcionalmente eficientes e ganham ao apresentar
mais valor para os clientes do que seus concorrentes. As
empresas de marketing 2.0 são emocionalmente eficazes
em conquistar clientes e formar laços com eles por meio de
excelente serviço e empatia. As empresas de marketing 3.0
vão mais longe e expressam seu interesse pelo mundo além
do interesse pelos clientes. Essas empresas 3.0 demonstram
compaixão e oferecem versões mais econômicas de seus
produtos em companhias pobres e contribuem com dinheiro
para importantes causas sociais. Esperamos que cada vez
mais empresas pratiquem o marketing 3.0.

Inauguramos o novo Museu de Marketing 3.0 em Ubud
(Bali) no dia 27 de maio de 2011. O museu celebra os melhores profissionais de marketing, produtos, empresas e
anúncios que ilustram a consciência do marketing 3.0.

Comparecer à inauguração do museu foi um grande
prazer para mim e minha família. Nancy e eu convidamos
nossa filha mais velha, Amy, e dois de nossos netos (Jordan
e Jamie) para irem conosco a Bali e se juntarem ao público
de cerca de mil pessoas presentes na inauguração. Meus
netos ficaram emocionados com a cerimônia e também com
o jantar, no qual alguns milhares de convidados indonésios
celebraram meu octogésimo aniversário.

178 | PHILIP KOTLER

Meu relacionamento com a Indonésia é contínuo. Em 2005, o governo indonésio me homenageou com um selo postal no qual apareço junto com Hermawan e Hooi Den Huan. Em 2007, fui nomeado embaixador especial itinerante do turismo indonésio. Em maio de 2011, a cidade de Denpasar, em Bali, concedeu-me o título de residente honorário de Denpasar.

39. Tailândia — terra de reis

Meu primeiro contato com a Tailândia não ocorreu em uma visita, mas em um filme que me impressionou muito, *O Rei e Eu*, estrelado por Yul Brynner e Deborah Kerr. Ele narra a encantadora história do rei do Sião que convidou uma professora inglesa para ir à Tailândia dar aulas para os filhos do rei e levar notícias a respeito do restante do mundo.

A população atual da Tailândia é de 65 milhões. A maioria dos tailandeses é budista, e eles são muito cordiais com os visitantes. O povo sorri na maior parte do tempo. A maioria dos turistas visita o país para conhecer os belos templos e atrações turísticas de Bangcoc, e também para conhecer a cidade de Chiang Mai e a ilha de Phuket.

O primeiro tailandês que me lembro de ter conhecido foi meu aluno de doutorado, Somkid Jatusripitak. Tanto Nancy quanto eu nos afeiçoamos muito a Somkid. Somente mais tarde eu soube que ele pertencia a uma família tailandesa muito influente e que seu irmão era uma importante figura no setor bancário. Somkid

180 | PHILIP KOTLER

escreveu uma excelente tese sobre comércio internacional, graduou-se e voltou para Bangcoc com seu novo diploma de Ph.D. da Universidade de Northwestern.

Alguns anos depois, ele me telefonou para perguntar se eu achava que ele deveria permanecer no mundo acadêmico ou entrar para a política. Pensei a respeito do dilema entre ele contribuir com novas informações na área de marketing ou entrar na política e poder contribuir para seu país. Eu o aconselhei a entrar para a política porque, com seu excelente caráter e conhecimento, ele seria capaz de dar uma grande contribuição para a Tailândia. Ele ingressou na política e, alguns anos depois, um repórter de um jornal tailandês me telefonou para perguntar qual era minha opinião a respeito de meu aluno Somkid ter se tornado o novo ministro das Finanças da Tailândia, especialmente levando em conta que sua formação era em marketing, não em finanças. Respondi o seguinte: "A maioria dos ministros das Finanças fracassa. É bom que a Tailândia seja o primeiro país a nomear uma pessoa com Ph.D. em marketing para ser o ministro das Finanças." Acompanhei a carreira de Somkid e ouvi comentários nos quais ele era descrito como um dos melhores ministros das Finanças da história da Tailândia. Lembro-me de ele ter implementado um programa "uma aldeia, um produto", para que cada povoado tailandês fabricasse algo que pudesse exportar para outras partes da Tailândia ou para o exterior. Pouco tempo depois, Somkid foi promovido a vice-primeiro-ministro, o segundo em comando, e hoje Somkid lidera um *think tank* em Bangcoc dedicado a resolver os problemas econômicos e sociais da Tailândia.

Alguns anos antes, Somkid enviara outro estudante tailandês talentoso — Suvit Maesincee — para obter um Ph.D. na Kellogg. Fiquei encantado com Suvit, que se revelou

MINHAS AVENTURAS EM MARKETING | 181

um pensador original em marketing, com novas maneiras de sistematizar e expandir a nossa interpretação dos fenômenos do marketing. Eu, ele e Somkid somos coautores do livro *Marketing of Nations*.

Meu relacionamento com Suvit estava longe de ter terminado quando ele voltou para Bangcoc para lecionar no Instituto Sasin de Pós-graduação em Administração de Empresas [Sasin Graduate Institute of Business Administration] na Universidade de Chulalongkorn. Tínhamos falado muitas vezes a respeito de escrever um livro com uma nova visão do marketing e do capitalismo, e então aconteceu algo que me levou de volta à Tailândia para trabalhar com Suvit.

Um novo vizinho, o Sr. Yothin, de Bangcoc, ingressara em nossa associação de proprietários em Glencoe, Illinois. Ele me disse que aprendera marketing no livro *Administração de marketing* e estava contente por me conhecer. Relativamente pouco tempo depois ele me convidou, e a Nancy para passar uma semana navegando pela costa de Montenegro e da Croácia em seu iate. Passamos uma semana maravilhosa com sua esposa, Ladawan, e outros três casais, viajando pela costa da Croácia.

Yothin dirige uma grande empresa de papel tailandesa, a Double A, e foi um anfitrião maravilhoso quando dei uma palestra em Bangcoc. Ele me mostrou a sua esplêndida fábrica no Norte da Tailândia e me apresentou à então primeira-ministra da Tailândia, Yingluck Shinawatra. Dissemos a ela que gostaríamos que Bangcoc fosse a sede de um futuro encontro da Cúpula Mundial de Marketing. Acrescentamos que levaríamos à Tailândia muitos palestrantes proeminentes de marketing e de negócios, e que estudaríamos maneiras pelas quais o WMS poderia contribuir para o maior crescimento econômico da Tailândia. A primeira-ministra considerou excelente a ideia do projeto e nos abençoou.

É aqui que Suvit entra novamente em cena. Ele também conhece a primeira-ministra, já que trabalhara, algum tempo antes, como alto funcionário no governo. Ele aceitou o desafio de trabalhar conosco na administração da Cúpula Mundial de Marketing em Bangcoc. Não podíamos ter pensado em alguém melhor do que meu ex-aluno para nos ajudar nessa tarefa.

Infelizmente, houve protestos políticos na Tailândia em fevereiro de 2014, e, ao que tudo indicava, iriam continuar durante alguns meses. Decidimos, então, não realizar a WMS 2014 em Bangcoc e a transferimos para Tóquio, onde ocorreu, nesse mesmo ano, nos dias 24 e 25 de setembro.

40. A ascensão do Brasil

Minha primeira visita ao Brasil aconteceu de maneira incomum. Recebi um telefonema de um amigo de Harvard, o professor Steven Greyser. Nessa ligação, ele me disse que ele e um colega, também de Harvard, Robert Buzzell, haviam sido convidados para ir ao Rio de Janeiro dar uma palestra sobre marketing, desde que eu também fosse convidado. Steven disse que levaríamos nossas mulheres e passaríamos dias excelentes na praia de Copacabana. Nancy achou a ideia muito boa, de modo que os três casais embarcaram em um avião em Boston com destino ao Brasil.

Eu sabia o suficiente a respeito do país para não cometer o famoso erro que um exportador cometeu ao enviar sua mercadoria para lá com todas as instruções em espanhol. Eu sabia que brasileiros falam português, não espanhol!

Quando chegamos ao Rio, fomos recebidos na fabulosa residência de um bilionário brasileiro com diploma de Harvard que nos apresentou a um grande grupo de amigos. Além de um maravilhoso jantar brasileiro, ele havia contratado

184 | PHILIP KOTLER

uma banda para tocar música dançante, de modo que passamos uma noite maravilhosa.

Também passamos alguns momentos tomando sol na praia, no Rio de Janeiro. Inventamos um resumo que chamamos de as cinco letras S que tornaram o Brasil famoso:

- Sun [Sol]
- Samba
- Sex [Sexo]
- Soccer [Futebol]
- Stones [Pedras] (as famosas pedras preciosas e semipreciosas comercializadas pela H. Stern)

Quando voltei para Chicago, não esperava mais retornar ao Brasil. No entanto, alguns meses depois, recebi um estranho telefonema de alguém que disse se chamar José Salibi e que queria me convidar para apresentar um seminário de um dia sobre marketing em São Paulo. Educadamente, eu disse a ele que o voo de Chicago para São Paulo era longo e que eu não estava disposto a viajar para tão longe. Eu vinha dando minhas palestras em Londres, Frankfurt, Viena e Suécia, e as viagens para esses lugares eram bem mais curtas. José mencionou o que poderia pagar, mas, para mim, o valor não cobriria os três ou quatro dias que eu levaria entre a ida e a volta e para dar a palestra. Ele, então, fez uma pergunta interessante: "Você joga tênis?" Respondi que sim, que eu jogava tênis. José afirmou que era o número 19 no mundo do tênis e eu não entendi exatamente se ele quisera dizer do mundo inteiro ou do Brasil apenas. Ele disse que acrescentaria uma semana de aulas se eu fosse ao Brasil. Isso me convenceu, de modo que parti para minha segunda visita ao Brasil, após a qual viriam pelo menos outras 12.

MINHAS AVENTURAS EM MARKETING | 185

José Salibi é um empresário extraordinário. Ele havia telefonado para me fazer o convite de uma cabine telefônica em Nova York, mal tendo dinheiro para chegar ao fim da ligação. Posteriormente, foi cofundador de uma empresa chamada HSM (ele era o S), que revolucionou o mundo das palestras. Ele prestava especial atenção ao bem-estar de seus palestrantes convidados, do público e dos patrocinadores, certificando-se de que criava e entregava valor a todos eles. Ele proporcionava aos participantes dos eventos telefonemas internacionais gratuitos e até mesmo fez um acordo com a Amil, seguradora de saúde, para que fornecesse uma ambulância e um médico para o caso de algum convidado adoecer durante o seminário.

José começou a convidar palestrantes como Jack Welch (CEO da GE), Louis Gerstner (CEO da IBM), John Chambers (CEO da Cisco), Tom Peters, Alvin Toffler, Jim Collins e outros. A HSM organizava um evento EXPO anual, que atraía cerca de 5 mil participantes empresariais, entre eles CEOs de muitas empresas brasileiras. Fui um dos principais palestrantes que, de tempos em tempos, estava no Brasil e adorava ver como o país estava deixando de ser uma economia em desenvolvimento e se tornando uma economia mais avançada.* José me convidou para dar palestras em outras cidades brasileiras, como Porto Alegre e Fortaleza, e também para falar na Argentina (Buenos Aires) e no Uruguai (Montevidéu).

Minha mensagem era que as empresas brasileiras precisavam separar o pensamento do marketing do pensamento de vendas e aplicá-lo não apenas à venda de seus produtos,

---

*Este texto foi publicado originalmente em 2012, antes da atual crise brasileira. (*N. do E.*)

186 | PHILIP KOTLER

mas também para imaginar futuros negócios e oportunidades de mercado, sempre tornando os clientes seu foco principal. Hoje, temos o Brasil como um dos principais países BRIC (Brasil, Rússia, Índia e China) que estão passando por grande crescimento econômico. Acredito que José e sua equipe na HSM tenham contribuído significativamente para o desenvolvimento desse país. José está agora ocupado criando uma inovadora escola de negócios em São Paulo com filiais em outras cidades brasileiras, contribuindo, também dessa maneira, para o futuro do Brasil.

Um dos subprodutos de meu relacionamento com José é que ele recomendou que eu escrevesse um livro sobre marketing esportivo, baseado no amor que ele e o Brasil têm pelo esporte. Decidi escrever esse livro com o professor Irv Rein e Ben Shields. Nós o chamamos de *The Elusive Fans* [Os fãs elusivos, em tradução livre], e argumentamos que os times esportivos são incompetentes ao pensar em seus clientes, os torcedores. A maioria dos times esportivos pode perder em qualquer temporada, e é importante para eles que os torcedores permaneçam interessados em suas atividades o ano todo. Desse modo, o time de beisebol Chicago Cubs raramente ganha um campeonato, mas, mesmo assim, os Cubs conservam alguns dos maiores fãs vistos no beisebol. Os treinadores e jogadores do time passam tempo com os torcedores e encorajam suas ideias, e os próprios torcedores se organizam.

Como você pode ver, admiro essa pessoa excepcional, José Salibi, por seu estímulo pessoal e suas duradouras contribuições para o Brasil.

41. O México e a KidZania para crianças

Com frequência, dou palestras todos os anos no México, um país com 117 milhões de pessoas (não estou contando os 32 milhões de mexicano-americanos que não vivem naquele país). A área metropolitana da Cidade do México tem 23 milhões de habitantes. Isso me levou a propor a uma plateia mexicana que as palestras públicas precisam ir além de se concentrar nos países BRIC — Brasil, Rússia, Índia e China. Precisamos adicionar os países MIST — México, Indonésia, Coreia do Sul [South Korea] e Turquia —, porque são países grandes, e seu PIB está crescendo na mesma velocidade, ou até mesmo mais rápido, que alguns dos países BRIC. Vamos chamar esse conjunto de importantes países de BRICMIST.

O México tem uma série de fatores positivos para seu futuro. Tem uma população jovem, forma muitos engenheiros e muitos cidadãos são empresários. Os Estados Unidos investem muito dinheiro no México. O setor industrial está se acelerando. Além disso, muitas empre-

188 | PHILIP KOTLER

sas mexicanas, como o Grupo Bimbo, o Grupo Modelo e a Televisa, deslocaram-se com sucesso para os Estados Unidos e têm condições de se estender para outros países.

O México é nosso vizinho no Sul, e eu dei muitas palestras na Cidade do México e em Monterrey. Gostei de visitar os museus, que expõem as requintadas esculturas de antigas culturas mexicanas. Tenho predileção pelos saborosos pratos encontrados nos melhores restaurantes mexicanos.

Muitos estudantes mexicanos vieram fazer o MBA na Kellogg, e costumo encontrar nossos ativos ex-alunos de tempos em tempos, quando dou palestras no México. Vou falar aqui sobre um de meus alunos mexicanos favoritos, uma pessoa que levou a sério meu desafio de que as empresas deveriam usar os negócios e o marketing para criar um mundo melhor.

Xavier López foi meu aluno há 23 anos. Nos últimos 15 anos, Xavier criou um incrível parque temático chamado KidZania. O parque é como a Disneylândia, com atrações e divertimento para as crianças, geralmente entre 4 e 14 anos de idade. No entanto, tem o diferencial de adicionar o aprendizado à experiência. A maioria das crianças nessa faixa etária sabe muito pouco, ou quase nada, a respeito do mundo do trabalho. Elas não sabem o que seu pai e sua mãe fazem quando saem de manhã para trabalhar. Não pensam no que gostariam de fazer quando crescerem e concluírem seus estudos. Não sabem nada a respeito da maioria dos empregos, carreiras e profissões que existem no mundo para os quais poderão ser treinadas.

As crianças que visitam a KidZania podem trabalhar em uma fábrica de envasamento ou em outras, que fabricam doces, cereais, chocolate, massas para tortas e geleia. Podem escolher trabalhar em um banco, salão de beleza, hospital,

MINHAS AVENTURAS EM MARKETING | 189

hotel, clínica veterinária, agência publicitária, editora de jornal, estação de rádio ou estação de televisão. Há também uma delegacia de polícia, um quartel de bombeiros, uma prisão, tribunais e uma prefeitura, em que as crianças podem trabalhar. Há, ainda, uma discoteca, um teatro, uma escola de culinária, um estúdio de modelos, uma escola de arte e uma universidade. A KidZania pode receber 3.600 visitantes por dia e atrai 800 mil por ano.

Assisti a um grupo de crianças com uniformes de médico operarem um paciente fictício no hospital virtual. Assisti a um julgamento em uma sala de tribunal com um réu, advogados de defesa e acusação, um juiz e um júri. Assisti ao jovem prefeito de uma cidade fazer um discurso para o Legislativo, que era composto por outros legisladores que iam votar uma questão pública. Observei um prédio "em chamas" com jovens bombeiros jogando água para apagar o incêndio. Observei crianças aprendendo a cuidar de um cachorro, escovando os dentes dele e adestrando-o. Assisti a um grupo de crianças aprendendo a trocar o pneu de um carro, dirigir um supermercado e um restaurante.

As crianças não têm esse tipo de experiência na escola. Lá, elas aprendem a ler e escrever, aprendem matemática, geografia e história, mas têm pouco tempo para fazer contato com o mundo do trabalho, do entretenimento, do civismo e assim por diante. A KidZania oferece uma experiência que está ausente na escola.

Xavier inaugurou sua primeira KidZania em Santa Fé, no México (um subúrbio da Cidade do México), em setembro de 1999. Ele reuniu algumas pessoas, levantou dinheiro, projetou o parque e alugou o espaço no principal shopping da Cidade do México, Centro Santa Fé, que conta com mais de 300 lojas e com estacionamento para 5 mil carros.

190 | PHILIP KOTLER

Lá, observei pessoalmente as crianças escolherem suas ocupações. A KidZania ocupa vários hectares e tem pequenos prédios como um hospital, um hotel, um banco, uma estação de televisão, uma delegacia de polícia, um quartel de bombeiros, um tribunal, uma escola de culinária, um estúdio de modelos e assim por diante.

Xavier me disse que a KidZania visa não apenas oferecer às crianças experiências maravilhosas de trabalho e diversão, mas também elevar sua consciência a respeito de cinco temas importantes que elas precisam compreender:

- As crianças precisam aprender a dirigir com cuidado e conhecer os conceitos básicos envolvidos no conserto de um carro, motocicleta ou bicicleta, e elas podem aprender tudo isso na KidZania.
- As crianças precisam aprender a importância de se conservar a água e de como o sistema de tratamento de água de uma cidade consegue fornecer água potável limpa.
- As crianças precisam pensar em si mesmas como cidadãos que votam em uma democracia que conta com eleições, legisladores e juízes.
- As crianças precisam adotar comportamentos sustentáveis e saber como funcionam a coleta de lixo e a reciclagem.
- As crianças precisam conhecer e respeitar diversas pessoas, especialmente as com deficiências, como cegos, surdos, inválidos e idosos.

Pais ou professores levam as crianças à KidZania às 9 horas da manhã. Ao chegar, elas recebem um passaporte, um visto, um cartão de embarque e dinheiro virtual para

MINHAS AVENTURAS EM MARKETING | 191

gastar em vários itens e serviços. Cada criança recebe uma pulseira que monitora onde ela está na cidade, cada evento do qual participa e cada loja na qual entra. Seria fácil para um pai, mãe ou professor saber, a qualquer momento, onde determinada criança se encontra.

A KidZania existe hoje em mais de 11 países, com mais dez locais sendo planejados. Xavier López e seu grupo estão tão seguros de sua missão que hoje existem 15 cidades KidZania — Santa Fé, no México; Monterrey, no México; Tóquio, no Japão; Jacarta, na Indonésia; Koshien, no Japão; Lisboa, em Portugal; Dubai, nos Emirados Árabes Unidos; Seul, na Coreia do Sul; Kuala Lumpur, na Malásia; Cuicuilco, no México; Santiago, no Chile; Bangcoc, na Tailândia; Cidade do Kuwait, no Kuwait; Cairo, no Egito; e Mumbai, na Índia, além de nove outros locais que estão sendo desenvolvidos no mundo.

Tenho de acreditar que as crianças que vão à KidZania — muitas das quais voltam várias vezes, porque há muito o que ver e fazer — se tornarão cidadãos melhores do que aquelas que não passam por essa experiência. É muito importante levar crianças pobres ou crianças de orfanatos para conhecer a cidade de KidZania. Esperamos que a experiência de KidZania conduza a uma geração de crianças e adultos mais capazes e sábios.

Você pode compreender como um professor de escola de negócios como eu se sente quando um de seus alunos se torna o CEO de uma grande multinacional, como aconteceu com Xavier López. Estou mais orgulhoso do que ele fez para tornar o mundo um lugar melhor do que se ele fosse o CEO de qualquer outra grande empresa mexicana.

42. As dores, os prazeres e o potencial da Itália

Em determinada época, eu planejava visitar todos os países do mundo pelo menos uma vez. Quando descobri que existem 193 países, abandonei essa ideia. Compreendi que talvez fosse mais significativo visitar frequentemente alguns países do que tentar visitar muitos uma única vez. Considere a Itália, por exemplo. Não posso dizer que vi a Itália se visitei apenas Florença e Veneza. Existem muitas outras cidades preciosas na Itália que eu teria grande prazer em visitar, por causa de meu interesse pela arte e pela cultura, de modo que esse país se tornou um dos lugares que costumo visitar com mais frequência.

Alguém me perguntou certa vez qual país, na minha opinião, mais contribuiu para o nível intelectual e estético do mundo ocidental. Posso imaginar alguém dizendo que foi a Grécia Antiga, cujos filósofos formularam profundas questões a respeito da natureza do verdadeiro, do bem e do belo. Ou então que foi a França, que definiu um padrão tão elevado para a elegância

MINHAS AVENTURAS EM MARKETING | 193

no século XVIII que a Rússia, durante o reinado de Pedro, o Grande, ansiava por imitar aquele país. Sem dúvida, os alemães diriam que foram eles que mais contribuíram, com suas grandes universidades e avanços revolucionários nas pesquisas, além dos grandes compositores que deram ao mundo, como Bach, Beethoven, Brahms e Mozart. A Grã-Bretanha argumentaria que as peças de Shakespeare são a maior realização literária de todos os tempos.

Meus amigos, o meu voto vai para a Itália. Os italianos contribuíram para o florescimento de um sem-número de áreas da excelência humana. Como seria a vida sem as esculturas de Michelangelo e Bernini e as pinturas de Leonardo da Vinci e Caravaggio? Como seria nossa vida sem a música operística de Puccini e Verdi? Como seria nossa vida intelectual e científica sem Galileu, Alessandro Volta, Guglielmo Marconi e Enrico Fermi? Como seria nosso vestuário sem o talento de Ferragamo, Gucci, Armani e outros grandes costureiros italianos, todos com seus tecidos para as roupas e o couro para os sapatos. Como seria nossa vida sem as poderosas massas, risotos e pizzas? Como poderíamos definir a beleza se não conhecêssemos Sophia Loren e Gina Lollobrigida?

Durante 11 anos, meu amigo Pietro Guido me convidou para apresentar um seminário de um dia inteiro sobre marketing para a comunidade de negócios de Milão. Pietro havia trabalhado para o grupo Montedison, mas acabou saindo e decidiu ingressar na atividade de educação de gestão. Ele gerou um público para mim que variava de algumas centenas de executivos a mais de mil. Ele me atribuiu o mérito de ter levado um valioso entendimento do marketing para a comunidade italiana de negócios.

194 | PHILIP KOTLER

Sempre que eu aterrissava em Milão, Pietro ia me buscar no aeroporto. Minha primeira pergunta sempre era a respeito da situação da economia italiana. Estava muito turbulenta? Tivemos, então, a ideia de usar uma escala de dez pontos. "Pietro, a economia italiana está com muitos problemas este ano?" Durante vários anos ele a colocou entre cinco e sete. Mas ele foi ficando mais pessimista com o tempo e passou a dizer oito ou nove. "Por que você não se muda para um país que não esteja com problemas econômicos?" E ele respondia: "Amo demais a Itália, apesar de todos os seus defeitos."

Por ter patrocinado tantos palestrantes, Pietro começou a escrever uma série de livros. Chamou o primeiro de *The End of Marketing* [O fim do marketing, em tradução livre]. Em outro, ele argumentou que a Itália é composta, na verdade, por três países, e que deveria ser desmembrada. O Norte da Itália ganha todo o dinheiro. O Sul da Itália destrói todo o dinheiro. E Roma e seu governo desviam todo o dinheiro.

Lembro-me de quando Pietro me convidou para jantar em sua casa pela primeira vez. Quando entrei, não consegui acreditar no que estava vendo. Reconheci um Pissarro, um Degas, um Renoir e um Sisley. "Pietro, você precisa manter vigilância permanente em sua casa para proteger esses quadros." "Não", disse ele. "Eu mesmo os pintei." Eu nem imaginava que ele era um pintor talentoso que fazia belas cópias de qualquer pintura que o interessasse. Ele acabou me enviando um "Pissarro", que está pendurado em meu escritório.

Quando digo que a Itália contribuiu muito para a civilização ocidental, estou certo de que deixei de mencionar as contribuições da Ásia para o mundo. Boa parte de nossa vida é mais agradável por causa de grandes ideias que vieram da China, do Japão, da Índia e de outras grandes civilizações asiáticas. O Ocidente está cada vez mais se voltando para a Ásia, em busca de respostas para a questão da vida de qualidade.

43. A economia e a arte da construção das nações

A maioria das nações nunca alcança seu potencial! Essa declaração diz respeito não apenas a países economicamente destruídos, como o Haiti e o Iêmen, ou mesmo a nações em dificuldades, como a Coreia do Norte e o Laos. Podemos fazer a mesma declaração a respeito da maioria dos países industriais, entre eles Itália, Espanha, Portugal e Grécia. Não podemos pensar que os Estados Unidos atingiram seu verdadeiro potencial quando 15% da população vivem na pobreza e 30% dos estudantes não vão para a universidade depois do ensino médio.

O que queremos dizer com uma nação atingir seu verdadeiro potencial? Cada país herda um conjunto de recursos naturais, e seu povo tem uma história, uma cultura e certas aptidões. Essa nação faz bom uso de seu capital humano e dos recursos naturais? Seu povo tem aspirações e consegue alcançá-las? A resposta é não em praticamente todos os casos.

Os economistas criaram a área da teoria do desenvolvimento econômico para ajudar as

MINHAS AVENTURAS EM MARKETING | 197

nações a terem melhor desempenho. Alguns economistas do desenvolvimento enfatizam a ideia da formação do capital para aumentar a produtividade do trabalho. Alguns destacam o comércio internacional, em que a nação busca exportar mais do que importar. Outros veem a resposta no desenvolvimento do capital humano, em que a educação e o treinamento produziriam as habilidades necessárias para que a nação crescesse e prosperasse. Outros, ainda, acreditam que a solução reside nos empresários que criam novas empresas para proporcionar os empregos necessários.

Para promover o crescimento econômico mundial, duas organizações internacionais desempenham esse papel: o Banco Mundial (BM) e o Fundo Monetário Internacional (FMI). Outros protagonistas econômicos que ajudam as nações a terem êxito são os Bancos Centrais, como o Federal Reserve nos Estados Unidos, o Deutsche Bank na Alemanha ou o Banco Central Europeu. Sua função é facilitar e regulamentar as necessidades locais, nacionais e regionais das empresas de contratação e concessão de empréstimos, bem como de investimentos. Práticas e serviços bancários adequados são essenciais para ajudar as nações a atingirem o seu potencial. No entanto, as práticas, às vezes, deixam de funcionar, como, por exemplo, quando os bancos resistem a conceder empréstimos necessários ou se mostram excessivamente generosos na concessão do crédito. Os Bancos Centrais precisam conduzir a economia entre esses dois extremos.

Em 2005, escrevi, junto com Somkid Jatusripitak e Suvit Maesincee, *The Marketing of Nations*. Nele, explico as forças econômicas que podem ser utilizadas para melhorar a situação econômica de uma nação. Compreendo que a tarefa de uma nação de alcançar seu pleno potencial vai muito além

198 | PHILIP KOTLER

do papel da economia. Uma boa teoria econômica é, com frequência, distorcida e derrotada por fatores políticos, geográficos e culturais. A ganância, a corrupção, o tratamento preferencial dado a parentes e amigos na política, além dos conflitos sociais, impedem, em parte, que uma nação atinja seu potencial. As nações da "primavera árabe" — Líbia, Egito e Tunísia — estão sobrecarregadas de problemas e precisam adotar uma nova Constituição e o estado de direito se quiserem fazer algum progresso.

Hoje, percebo como é complicado administrar bem uma nação. Como os diferentes grupos de interesses especiais no país podem encontrar um denominador comum? Como a nação pode se adaptar ao mundo em rápida transformação com seus avanços tecnológicos e a pressão para a globalização? Observe que o futuro de um país é determinado por sua dependência dos mercados externos, de recursos financeiros externos e do petróleo estrangeiro. Faz sentido considerar que uma nação possa controlar seu próprio destino? Por acaso a Itália, a Espanha, a Grécia, a França ou qualquer nação da zona do euro são autônomas, uma vez que são controladas pelo Banco Central Europeu? E as nações emergentes e em desenvolvimento que dependem de investimentos estrangeiros em seu mercado interno para o crescimento econômico? Elas são autônomas?

Não existem mais nações independentes. Atualmente, as nações operam em uma complexa rede de coalizões, instituições e dependência internacionais.

No entanto, espero que cada nação finalmente descubra o caminho apropriado para atingir seus verdadeiros objetivos. Fico emocionado com a história do rei do Butão que não apenas informou ao seu povo que a sua meta era aumentar

MINHAS AVENTURAS EM MARKETING | 199

a felicidade deles como também inventou um sistema para medir a felicidade. Desse modo, ele poderia verificar se o PIB e a felicidade aumentariam juntos. Os dois poderão não aumentar juntos, e os países precisam decidir se irão se concentrar em alcançar mais produção ou mais felicidade.

44. Megacidades, a força motriz no desenvolvimento econômico

Em 1973, Richard J. Barnet e Ronald E. Mueller publicaram *Global Reach: The Power of the Multinational Corporations* [Alcance global: o poder das corporações multinacionais, em tradução livre]. Os autores criticaram o crescimento e o poder das corporações multinacionais e seu papel na expansão norte-americana no exterior, na criação de um império e na colonização. Eles advertiram que as corporações multinacionais são projetadas para explorar outras nações, tornando as avançadas mais ricas e as pobres ainda mais pobres. Os autores defendiam medidas para refrear as corporações norte-americanas e de outros países, impedindo-as de se expandir sem limites. Se tais propostas tivessem entrado em vigor, as nações do mundo em situação econômica desfavorável teriam ficado mais pobres, e não mais ricas! Na realidade, os países menos desenvolvidos ficam em melhor situação como resultado do comércio entre as nações desenvolvidas e as

MINHAS AVENTURAS EM MARKETING | 201

não desenvolvidas. Estas últimas precisam de capital e investimento. Desencorajar os investimentos nas nações necessitadas é um meio de mantê-las pobres.

O verdadeiro propulsor do crescimento econômico não são as nações, mas as megacidades e os centros urbanos. A maior parte da atividade econômica acontece nos seiscentos maiores centros urbanos — lugares como Pequim, Tóquio, Londres, São Paulo, Cidade do México e Jacarta. Dez cidades norte-americanas — Nova York, São Francisco, Miami, Boston, Chicago, Dallas, Houston, Atlanta, Los Angeles e Seattle — são responsáveis por um montante substancial do PIB dos Estados Unidos. As principais cidades europeias — Londres, Frankfurt, Berlim, Paris, Genebra e Milão — são responsáveis por um bom percentual do PIB europeu. Hoje, 54% do PIB da Índia são negociados em dez cidades. Três milhões de chineses estão se mudando mensalmente para as cidades!

Se o PIB está ficando cada vez mais concentrado nas megacidades e em seus satélites, o marketing terá de se deslocar do marketing de massa, que se concentra no PIB nacional, para o marketing urbano, que se concentra nas megacidades e em sua classe média. Essas megacidades e seus satélites estão globalmente entrelaçados no investimento, comércio e consumo.

As megacidades podem ser encaradas como "quase nações" ou "cidades-estado". Observe que no século XI muitas cidades, entre elas Veneza, Milão, Florença, Gênova, Pisa, Siena, Lucca e Cremona se tornaram grandes metrópoles comerciais e operavam com grande independência.

As megacidades precisam formar relacionamentos positivos e mutuamente satisfatórios com vários grupos, entre eles o poder nacional, outros centros globais que atuam como rivais ou aliados, organizações internacionais (o Banco

202 | PHILIP KOTLER

Mundial, o Fundo Monetário Internacional), grandes bancos e corporações multinacionais. As importantes megacidades precisam aprender a discutir os vários relacionamentos e oportunidades. Precisam saber como trabalhar com empresários e outras empresas que possam auxiliar ou se opor a seus planos de ação.

Que papel uma nação desempenha quando o desenvolvimento econômico está, em grande medida, nas mãos de suas principais cidades urbanas? Podemos formular uma pergunta mais básica. Por que as nações são necessárias? Um grupo de cidades importantes não pode atingir melhor suas metas sem fazer parte de uma nação? O que é adicionado ao formar uma nação que tem o poder de tributar e depois de distribuir recursos entre as comunidades de acordo com concessões políticas e diferenciais de poder?

A resposta é que as nações criam um conjunto de benefícios que, caso contrário, não estariam disponíveis para as megacidades isoladamente. A nação pode deslocar recursos das comunidades mais ricas para as mais pobres. Chamamos isso de *função redistributiva* do governo nacional. A nação também desenvolve uma história de proezas e líderes que conferem a seu povo um sentimento de orgulho e propósito. Sabemos como o povo de algumas nações chama sua pátria de Vaterland [Terra Paterna] (Alemanha) e Rodina [Terra Materna] (Rússia) para conferir identidade e significado à sua vida. E a nação também cumpre outro propósito, a sua *função de defesa*, já que as cidades individuais estariam sujeitas ao ataque de forasteiros gananciosos e precisam se unir formalmente a outras comunidades e formar uma nação que propicie a autodefesa.

Infelizmente, a maior parte da população mundial ao longo do período histórico foi oprimida por seus governos

MINHAS AVENTURAS EM MARKETING | 203

nacionais. A maioria das nações europeias era administrada por uma monarquia e uma aristocracia que atendiam aos próprios interesses. Quase todos os cidadãos viviam em condições feudais e de subsistência, com pouca esperança de melhorar seu bem-estar. A ideia de que os cidadãos de uma nação deveriam participar de seu destino — a ideia da democracia — despertou 2 mil anos depois da democracia ateniense, com as Revoluções Americana e Francesa.

De que maneira os centros urbanos desenvolvem seu próprio destino? Claramente, cada centro urbano reúne seus principais grupos de poder para que trabalhem juntos, voltados para uma visão de crescimento econômico urbano. Entre esses grupos de poder estão suas principais corporações, bancos, hotéis, a mídia e organizações comunitárias. Cada centro urbano forma relacionamentos com a própria nação, outros centros urbanos dentro da nação, cidades alimentadoras e pools de recursos na nação, outras nações e, particularmente, outros centros urbanos fora da nação, e organizações internacionais.

Que papel as corporações internacionais desempenham na seleção de cidades urbanas com as quais trabalhar? As corporações internacionais que se instalam em uma nova região do mundo, como a Ásia, precisam, primeiro, escolher uma nação e, depois, um centro urbano dentro dessa nação para que se torne o escritório central regional. Na Ásia, Hong Kong ou Singapura serão frequentemente escolhidas, porque essas cidades têm excelente transporte, telecomunicações, bancos e serviços, além de elevado grau de estabilidade política. Desse modo, o poder de um centro urbano importante de atrair o interesse e os recursos de grandes e relevantes corporações é fundamental para seu

204 | PHILIP KOTLER

crescimento urbano, mais ainda do que seu trabalho de extrair recursos de dentro da própria nação.

Os centros urbanos competem entre si para atrair capital e recursos estrangeiros. Eles competem oferecendo terras de graça, restituição de impostos, elevada qualidade de vida etc. Os centros urbanos melhoram a si mesmos construindo uma infraestrutura adequada — aeroportos, rodovias, telecomunicações e redes elétricas.

A moral da história é que os grandes centros urbanos precisam de liberdade, oportunidade e incentivos para construir seu próprio poder e suas marcas, o que resultará no sucesso da nação como um todo. Milton Kotler e eu analisamos o problema do relacionamento entre importantes centros urbanos e grandes multinacionais em nosso último livro, *Winning Global Markets* [Ganhando mercados globais, em tradução livre].

45. Chautauqua — A fabulosa cidade no estado de Nova York

A partir de meados de junho de cada ano, Nancy e eu colocamos em nosso carro as roupas e outros pertences de que precisamos para nossa estada anual de nove semanas na Instituição Chautauqua, em Chautauqua, no estado de Nova York. Outras famílias aguardam ansiosas por suas férias de verão em Cape Cod, Upper Wisconsin, Michigan ou outros lugares que atraem as pessoas no tempo de calor.

Por que passar o verão em Chautauqua? Afinal, onde fica Chautauqua e o que a cidade tem de tão especial?

Chautauqua é o nome de uma pequena cidade à margem do lago Chautauqua, no Noroeste do estado de Nova York, mais ou menos a uma hora e meia de carro de Buffalo, no mesmo estado. Chautauqua foi colonizada em 1874 e, pouco depois, os habitantes da cidade convidaram alguns acadêmicos para levar educação às pessoas da região. Houve o movimento Lyceum,

206 | PHILIP KOTLER

que atraiu famosos oradores e pregadores para diferentes cidades dos Estados Unidos. Ao longo dos anos, pessoas como Mark Twain, Theodore Roosevelt e Franklin Delano Roosevelt falaram na Instituição Chautauqua. E um espetáculo é apresentado ali quase todas as noites: a Orquestra Sinfônica de Chautauqua, a Dance Troup da Carolina do Norte, além de algumas peças, cantores ou comediantes.

Nos últimos cinquenta anos, a Instituição Chautauqua vem oferecendo um programa de verão de nove semanas com palestrantes, espetáculos artísticos e diversas atividades religiosas. Cada semana se concentra em um tema diferente. Eis uma lista dos temas semanais do programa de verão de 2013:

1. Nosso elegante universo
2. A próxima notável geração
3. América, 1863
4. Mercados e costumes: reimaginando o contrato social
5. A busca da felicidade
6. Crime e castigo
7. Diplomacia
8. Turquia: modelo para o Oriente Médio
9. Saúde: reforma e inovação

Eis a minha experiência em um dia típico (24 de junho de 2013):

10:45. Eu, Nancy e outros 4 mil visitantes de Chautauqua ouvimos uma palestra fascinante apresentada por Brian Greene, de Harvard, autor de *A realidade oculta*, no anfiteatro. Brian explicou a busca de Einstein por uma teoria unificada do universo e descreveu como outros cientistas

MINHAS AVENTURAS EM MARKETING | 207

perseguiram esse sonho formulando o "big bang", a teoria quântica, a teoria das cordas, a energia e a matéria escuras e outras teorias de fenômenos físicos.

14:00. Assistimos à palestra de Mary Evelyn Tucker, da Universidade de Yale, sobre seu filme *The Journey of the Universe*.

15:30. Ouvimos a Dra. Ann Kirschner, da Universidade de Princeton, falar a respeito de seu livro *Lady at the OK Corral: Lessons from the American Frontier* [Dama em OK Corral: Lições da Fronteira Americana].

17:30. Fomos ao cinema assistir ao filme *Journey of the Universe*, sobre a evolução do universo e sua fragilidade atual, em face de forças desreguladas que provocam dano ao meio ambiente.

20:15. Assistimos a um concerto de dois intérpretes cantando melodias da Broadway.

Isso pode continuar, dia após dia, durante nove semanas. Em geral, atingimos um ponto de saciedade e descansamos um pouco. Assim, passamos a maior parte de um dia na nossa varanda observando as árvores ou ouvindo música.

Ou, então, os visitantes podem se afastar das inebriantes palestras e ir velejar, nadar, jogar golfe ou tênis, ou praticar outros esportes disponíveis em Chautauqua.

Chautauqua pode ser vista como capaz de oferecer um aprendizado permanente em um belo cenário. Temos a sensação de estar completamente envolvidos e totalmente vivos.

Uma das partes mais maravilhosas das nove semanas é compartilhá-las com nossos filhos e netos: Melissa, nossa filha do meio, nossos netos Olivia (de 17 anos) e Sam (de 13 anos), Louis (o cão havanês deles) e nosso genro Steve.

208 | PHILIP KOTLER

Podemos afirmar que, no final de nove semanas, somos uma enciclopédia ambulante de temas e informações que iremos compartilhar com diversos amigos e conhecidos quando voltarmos à vida normal da cidade.

46. Os prazeres e as dores da fama

Na condição de profissional de marketing, fui abordado por muitos aspirantes a intérpretes — cantores, músicos e atores — que pediam minha ajuda para se tornarem mais conhecidos por um número maior de pessoas. Eles querem se tornar "famosos" ou "mais famosos". Desejam um plano de marketing, um plano de construção de marca.

Por que eles desejariam a "fama"? Uma cantora poderá querer compartilhar sua bela voz com um público mais vasto, conhecer mais pessoas, atrair mais admiração ou aumentar sua renda. Por que não tentar ser uma Barbra Streisand, uma Madonna ou uma Lady Gaga? Como deve ser fascinante a vida dessas mulheres que vivem em belas mansões, são atendidas por empregados e perseguidas por muitos admiradores!

Qualquer jovem cantora deve se conscientizar de que existe um lado negro concomitante à vida de grande fama e sucesso, que é acompanhada pela perda da privacidade e do anonimato.

210 | PHILIP KOTLER

Seu rosto se torna propriedade pública. As pessoas a reconhecerão e seguirão aonde quer que vá. Implorarão por seu autógrafo e para que tire uma foto com elas. Os paparazzi a perseguirão e fotografarão onde quer que possa ser encontrada.

Ela precisará de proteção contra toda essa invasão de privacidade. Precisará de um agente que possa manter a multidão a distância. Esse agente deve conhecer os hotéis certos e os cantos tranquilos em restaurantes especiais onde ela poderá jantar, longe dos intrusos. Ela começará a usar óculos escuros e a se vestir de modo a não ser notada.

Ela enfrentará um desafio psicológico mais profundo. A mídia de massa a representará como determinado tipo de pessoa. Ela é uma marca, e o público espera que ela viva à altura dessa marca. No entanto, seu eu público pode não ser o mesmo que seu eu privado.

Norman Mailer, o famoso romancista, disse que a mídia escolheu representá-lo como um cara durão, de modo que ele projetava esse papel em público, para que o público continuasse a vê-lo dessa maneira. Seu verdadeiro eu era bem diferente, mas ele tinha de representar sua imagem pública. Psicologicamente, seu verdadeiro eu pode se tornar menos real para ele.

Lembro-me da vida do Dr. Richard Alpert, psicólogo de Harvard, que mudou seu nome para Ram Dass, converteu-se ao hinduísmo e passou a usar um manto hindu, tornando-se uma lenda devido à sua sabedoria em seu trabalho com os mais diferentes tipos de pessoas, entre elas prisioneiros e enfermos. Certo dia, após muitos anos, ele decidiu raspar a barba e voltar a usar roupas ocidentais. Repentinamente, ele perdeu seu grupo de adeptos; deixou de ser o símbolo ao qual seus seguidores haviam se apegado. Tornou-se simplesmente outro ocidental.

MINHAS AVENTURAS EM MARKETING | 211

Ao acompanhar a vida de pessoas famosas, fiz pesquisas e fui coautor, com Irv Rein e Mary Stoller, do livro *Marketing de alta visibilidade* (1987, com duas revisões, em 1998 e em 2006). Nosso principal objetivo era oferecer orientação de marketing a pessoas que queriam se tornar conhecidas. Descrevemos a "industrialização da celebridade", em outras palavras, uma indústria — agentes, gerentes pessoais, promotores — que se formara para ajudar pessoas a se tornarem conhecidas. Eles encaravam a pessoa como um produto a ser melhorado, promovido e enviado aos canais de distribuição adequados, com um preço cada vez mais elevado à medida que ela fosse se tornando mais importante.

Uma jovem cantora pode se inscrever, primeiro, para aparecer em um concurso de talentos amadores, esperando se sair bem e ser notada por um agente. Ela pode conseguir um emprego como cantora de uma pequena casa noturna. Pode conseguir uma entrevista em um *talk show* obscuro e, com o tempo, ser convidada para se apresentar em um importante *talk show* que seja visto todas as noites por milhões de pessoas. A oportunidade de Barbra Streisand aconteceu dessa maneira, quando ela foi convidada para cantar no *Tonight Show* pelo popular apresentador Johnny Carson, e a plateia ficou extasiada com sua performance. Barbra passou a viver uma vida de conto de fadas, com concertos e papéis de atuação e produção em filmes, além de apoiar várias causas beneficentes.

Olhando para trás, Barbra se arrependeria do caminho que tomou? Duvido muito. Os prazeres são inúmeros, e vale a pena sofrer as dores por eles. Ela pode se deleitar com os muitos milhões de pessoas a quem proporcionou prazer com sua esplêndida voz.

212 | PHILIP KOTLER

A maioria das pessoas alcança a fama em áreas geográficas e profissionais muito mais limitadas. Haverá o advogado especializado em danos físicos e morais em Chicago, o cirurgião plástico mais famoso de Los Angeles, até mesmo o marceneiro mais conceituado da pequena cidade de Peoria, Illinois. Eles impõem respeito e podem ser muito mencionados em nível local sem, no entanto, atrair multidões que desejem tirar sua foto e pegar um autógrafo. Seu rosto pode não ser perceptível em uma multidão. Eles podem viver mais tranquilamente com a família e os amigos mais próximos. Lembro-me de o romancista Graham Green comentar que se sentia feliz porque as pessoas não conheciam seu rosto como conheceriam se ele fosse um astro do cinema.

Já me perguntaram se eu desenvolvera um plano de marketing para me tornar um conhecido professor de marketing. A resposta é não. Eu apenas gostava de pensar, pesquisar e escrever a respeito do marketing e de outros temas. Boa parte da fama é produzida trabalhando-se arduamente no que amamos e atingindo um elevado nível de desempenho.

47. A inovação e a disrupção na nova economia

Sempre tive interesse pela inovação. Passamos por mudanças tecnológicas, sociais, econômicas e políticas que teriam sido difíceis de imaginar há cinquenta anos. Nossa vida foi modificada pelo computador, pelo forno de micro-ondas, pela pílula anticoncepcional, pelos smartphones, pela internet, pela robótica, pela nanotecnologia, por novas drogas medicamentosas e procedimentos cirúrgicos, todos recentes inovações. Eu me envolvi na minha primeira pesquisa sistemática em inovação com Fernando Trias de Bes, um talentoso professor da ESADE, a Escola de Negócios de Barcelona. Ambos sentíamos que os inovadores precisavam pensar de maneira mais lateral do que vertical para criar novas ideias. Em vez de a Kellogg, a fabricante de cereais, pensar sempre em lançar uma nova caixa de cereais (pensamento vertical), deveria pensar em fazer outra coisa com os cereais (pensamento lateral). Que tal incorporá-lo a uma barra de chocolate ou fazer uma barra de cereais? Que tal colocar um

214 | PHILIP KOTLER

pequeno recipiente com flocos de cereais em cima de um pote de iogurte que pudessem ser adicionados ao iogurte?

Fomos inspirados a pensar lateralmente, ou ter ideias não convencionais, por Edward DeBono e seu livro, *O pensamento lateral*. Acabamos publicando *Lateral Marketing: A New Approach to Finding Product, Market, and Marketing Mix Ideas* [Marketing lateral: uma nova abordagem para encontrar ideias de produto, mercado e marketing, em tradução livre]. Posteriormente, Fernando foi convidado pela Nestlé para usar nossa metodologia para ajudar a empresa a ter novas ideias para comercializar café. O grupo Nestlé gerou mais de cinquenta ideias, sendo algumas bem interessantes.

Fernando e eu sentíamos que a tarefa seguinte seria ajudar as empresas a se tornarem realmente inovadoras. Uma coisa é usar diferentes métodos de criatividade para descobrir uma nova ideia; outra, é incorporar um DNA inovador à mentalidade de uma empresa. Reconhecemos que vários papéis são desempenhados em uma organização inovadora. Alguém precisa propor ideias (Ativador). Alguém tem de verificar que a ideia é realmente original e estimulante (Buscador). Alguém precisa transformar a ideia em um conceito que possa ser testado e que se revele meritório (Criador). Alguém tem de transformar a ideia em um protótipo físico ou modelo comercial (Desenvolvedor). Alguém precisa ter a capacidade de lançar o novo produto ou negócio (Executor). E alguém tem de fornecer o dinheiro para todas essas atividades precedentes (Financiador). Se examinarmos as primeiras letras dessas seis funções, poderemos chamá-lo de modelo de inovação ABCDEF ou modelo de inovação de A a F.

MINHAS AVENTURAS EM MARKETING | 215

Precisávamos relacionar as ferramentas e habilidades necessárias para o executante de cada função e o relacionamento entre cada parte de executantes. Explicamos isso claramente em nosso novo livro, *Winning at Innovation: The A to F Model* [Ganhando na inovação: o modelo de A a F, em tradução livre].

O interessante a respeito da inovação é que é algo essencialmente disruptivo. O famoso economista Joseph Schumpeter disse que a inovação envolve a "destruição criativa". Mais recentemente, Clayton Christensen escreveu amplamente a respeito da "inovação disruptiva", exemplificando-a com muitos casos. Poderá emergir uma nova tecnologia que inicialmente não represente nenhuma ameaça aos negócios existentes. A nova tecnologia pode ser mais barata, mas tem um desempenho fraco e só interessa a um pequeno grupo de compradores que está em busca de um preço mais reduzido. Se a empresa disruptora reunir um número suficiente de clientes para ter lucro, usará este último para melhorar o desempenho da tecnologia ou reduzir ainda mais seus custos. As empresas estabelecidas abandonarão seus artigos de menor lucro e se concentrarão em produzir artigos com um lucro maior, como fez a indústria siderúrgica quando as miniusinas siderúrgicas começaram a invadir seu espaço de lucro mais baixo de produto. Mas o processo continua onde a inovadora continua a melhorar e invade uma parte maior do espaço das empresas estabelecidas. Não ouvimos falar muito hoje na Bethlehem Steel ou na U.S. Steel, antigas gigantes da indústria siderúrgica.

As indústrias experimentaram uma lenta mudança na maior parte de sua história, mas as indústrias de hoje sofrem disrupções mais graves e mais frequentes. Alguma

216 | PHILIP KOTLER

indústria está a salvo da disrupção? A sua indústria será a próxima? Se a resposta for sim, o que você pode fazer a esse respeito?

A Kodak esperava durar e liderar para sempre o setor do filme porque esse era o único veículo capaz de captar e distribuir imagens. A Kodak estava errada e deixou de levar em conta a era digital. Hoje, todas as imagens são captadas por uma série de zeros e uns em sua câmera, e você pode imprimi-las de imediato a partir de seu computador.

Presenciamos a revolução digital prejudicar o setor musical (com o MP3 e a *peer exchange* [PEX]), a frequência do cinema (o download de filmes), as livrarias (o download de livros eletrônicos) e os jornais (um público leitor muito menor).

O setor mais recente a enfrentar um futuro incerto é o das universidades. A ameaça está nos curscs on-line que oferecem alguns dos melhores professores do país procedentes de Harvard, MIT, Stanford e outras instituições. Os alunos continuarão a gastar US$45 mil por ano por um diploma universitário de quatro anos que consiste em assistir a vídeos em sala de aula ou nos dormitórios quando muito pode ser aprendido sem que tenham de comparecer às aulas? A internet e o Google podem oferecer treinamento em qualquer área que os alunos desejem. À medida que um número cada vez maior de faculdades for apresentando esses recursos on-line, elas serão capazes de reduzir seus custos. As faculdades que não investirem nesses novos sistemas de aprendizado poderão sofrer disrupção. As universidades de primeira linha continuarão a prosperar com seus luxuosos *campi*, mas muitas escolas menores talvez tenham de fechar as portas. Algumas empresas disruptoras estão pretendendo produzir um MBA que custará US$10 mil por ano.

MINHAS AVENTURAS EM MARKETING | 217

Isso é apenas o começo do que a internet fará com as empresas estabelecidas. Pense na ascensão do *consumo colaborativo*, no qual os proprietários de casas, carros e produtos afins estão começando a alugá-los para desconhecidos. Podemos visitar o site da Airbnb e encontrar uma enorme lista de proprietários de imóveis oferecendo uma cama à noite em sua casa por um preço que, em geral, é muito mais barato do que ir para um hotel. Ou então podemos entrar no site da Relay Rides e alugar o carro de uma pessoa que não o estará usando no momento. Algumas pessoas compraram vários carros simplesmente para ganhar dinheiro alugando-os na Relay Rides. Essa prática está se espalhando, e os consumidores estão alugando de outras pessoas espaço de armazenamento no sótão, máquinas de cortar grama, vagas de estacionamento, lanchas e outros itens. Isso não é de bom agouro para as empresas que fabricam carros, barcos e outros equipamentos com a intenção de vendê-los. As pessoas, cada vez mais, querem o *acesso*, e não a *propriedade*. E isso certamente reduz o custo, em comparação com as alternativas.

Outra grande fonte de disrupção é o surgimento de *novos modelos de negócios*. A inovação vai bem além de apenas criar novos produtos. Quando Fred Smith criou a FedEx, o U.S. Post Office deveria ter se prevenido. A empresa foi um sucesso porque um número suficiente de pessoas estava disposto a pagar um pouco mais para que sua correspondência fosse entregue até as 10:30 da manhã seguinte. Quando Ingvar Kamprad fundou a Ikea, as lojas de móveis deveriam ter notado essa recém-chegada que estava oferecendo mobília de qualidade por um preço muito mais baixo. Quando Leonard Riggio inaugurou a grande livraria Barnes and Noble, as pequenas livrarias deveriam ter compreendido que iriam perder a maioria de seus clientes para essa gigantesca intrusa. Quando Jeff Bezos criou a Amazon como uma maneira de vender livros on-line e por meio de download, até mesmo Leonard Riggio precisava observar essa possível disrupção em seu negócio de venda de livros baseado em lojas físicas.

Inovações de modelos de negócios

• Anita Roddick	Body Shop
• Fred Smith	Federal Express
• Steve Jobs	iTunes, iPad, iPhone
• Bill Gates	Microsoft
• Michael Dell	Dell Computer
• Ray Kroc	McDonald's
• Walt Disney	Disneyworld
• Sam Walton	Wal-Mart
• Tom Monaghan	Domino's Pizza
• Gilbert Trigano	Club Mediterranee
• Ted Turner	CNN
• Richard Branson	Virgin
• Charles Lazarus	Toys R Us
• Les Wexner	Victoria's Secret
• Ingvar Kamprad	IKEA
• Howard Schultz	Starbucks
• Charles Schwab	Charles Schwab
• Mark Zuckerberg	Facebook
• Larry Page, Sergey Brin	Google

Toda empresa precisa ficar atenta a novas ameaças que poderão causar uma disrupção em seus negócios. A alta direção precisa se reunir e avaliar quais mudanças na tecnologia, no gosto dos consumidores e nas práticas de negócios pode-

MINHAS AVENTURAS EM MARKETING | 219

riam abalar a sua empresa. Uma vez que descubram alguma ameaça séria, eles podem tomar duas medidas importantes. Uma delas é vender seu negócio antes que a maior parte de seu valor desapareça e antes que os concorrentes reconheçam a ameaça. A outra é avançar rumo à autodisrupção, ou seja, investir na disrupção de seu modelo de negócio antes que outra pessoa o faça.

48. O futuro do marketing

Kevin Roberts, CEO da agência de publicidade Saatchi & Saatchi, deu uma palestra na qual falou a respeito do "fim do marketing". Ele explicou que estava querendo se referir ao "fim do antigo marketing". Durante mais de cem anos, as empresas tiveram alto controle do que os consumidores pensavam a respeito da empresa e de seus produtos. Cada empresa usava o poder da comunicação de massa para moldar a atitude e o conhecimento do consumidor com relação à empresa e aos seus produtos.

Esse velho mundo do marketing está lentamente morrendo com a explosão do mundo digital. Os consumidores de hoje se informam a respeito de uma empresa e de seus produtos batendo papo com amigos e navegando na internet, onde encontram abundantes informações sobre cada aspecto da empresa. Os consumidores de hoje também tratam o varejista como se ele administrasse um "showroom", em vez de uma loja, e insistem com o varejista para que iguale o menor preço para o mesmo produto que aparece em outras lojas no smartphone do cliente.

MINHAS AVENTURAS EM MARKETING | 221

Assim, as empresas de hoje perderam o controle sobre a construção de sua marca. A marca é moldada cada vez mais pelos consumidores, que conversam uns com os outros na internet. A empresa ainda consegue alguma influência por meio de seus comerciais de 30 segundos. No entanto, prenuncio que as empresas, daqui a dez anos, poderão chegar a gastar 50% do seu orçamento de comunicação na mídia social e digital. Isso acontecerá quando os jovens pararem de ler jornais e adicionarem TIVO ao seu equipamento de TV e pularem os comerciais por impaciência.

O marketing, quando funciona, é muito mais do que comunicação. Seu principal objetivo deve ser adicionar valor à vida do cliente. O marketing precisa influenciar todos os fatores que afetam a satisfação do cliente com as ofertas da empresa. O marketing precisa ter influência sobre o produto, suas características, seu preço, sua disponibilidade e os serviços concomitantes, a popularidade conhecida como os 4Ps (produto, preço, praça e promoção).

O Chief Marketing Officer (CMO) da empresa deve ser incumbido de definir e entregar o valor do cliente. O CMO se reúne com os outros diretores — financeiro (CFO), pesquisa e desenvolvimento (CDO), operações (COO), informação (CIO) — para desenvolver os planos atuais da empresa e os futuros produtos. No entanto, minha observação é que hoje, na prática, o papel do CMO ainda é limitado. Os outros diretores ainda veem o marketing, basicamente, como uma função de comunicação e de vendas.

O marketing pode estar perdendo algumas de suas funções tradicionais para outros departamentos da empresa:

222 | PHILIP KOTLER

Novos produtos — P&D, desenvolvimento de produto

Inovação — Operações

Mídia — Ciência de gestão

Canais — Departamento de logística e cadeia de abastecimento

Estratégia de marketing — Departamento de estratégia

Serviço — Departamento de serviço ao cliente

Mineração de dados — TI e ciência da computação

Resta ao marketing administrar:

- Comunicação
- Precificação
- Branding e diferenciação
- Comportamento do consumidor

Estamos até mesmo ouvindo os críticos perguntando se o cargo de CMO é o adequado para atender aos interesses dos clientes. Dominique Turbin, CEO da Escola de Negócios IMD na Suíça, publicou um artigo no *Financial Times* (19 de novembro de 2012) intitulado "The CMO is Dead... Welcome to the COO! How to Breathe New Life into Marketing" [O CMO está morto... Boas-vindas ao COO! Como soprar vida nova ao marketing, em tradução livre].

Ele citou quatro deficiências no atual cargo do CMO:

1. A maioria dos CMOs não está realmente envolvida com atividades de marketing. Eles se concentram na comunicação, e não nos produtos e na precificação.

MINHAS AVENTURAS EM MARKETING | 223

2. Os CFOs se tornaram mais poderosos e assumiram o controle da precificação por causa dos tempos difíceis, e têm mais probabilidade de ocupar o cargo de CEO e dar menos atenção aos CMOs.
3. Não raro, é difícil medir o impacto do marketing e saber o que foi realizado com os milhões gastos, de modo que o orçamento do marketing é o que tem maior probabilidade de ser reduzido nos tempos difíceis.
4. Ninguém tem uma ideia clara do que é o marketing, ao passo que a maioria das pessoas entende o que é produção ou finanças.

Dominique argumenta que o poder do CMO está sendo desgastado e que o título de CMO deveria ser abandonado e substituído por um novo, o de CCO — Chief Customer Officer [Diretor de Clientes]. O CCO conheceria os clientes, o que eles querem e qual a tendência deles. O CCO usará o conhecimento dos clientes para influenciar as discussões da empresa sobre as características e a precificação dos produtos. Algumas empresas já nomearam CCOs.

No entanto, não estou convencido de que um CCO estaria fazendo alguma coisa diferente do que seria feito por um bom CMO. Alguém precisa gerenciar toda a amplitude do trabalho de marketing, e estou convicto de que essa pessoa deve ser o CMO.

49. O relacionamento entre o marketing e a economia

Quando o jornal *Nikkei* me convidou para escrever trinta colunas, eu não poderia ter ficado mais satisfeito. Escrever trinta colunas a respeito de minha vida e de minhas ideias na mesma série que deu destaque a Peter Drucker, Tony Blair e outras pessoas notáveis é uma honra. Espero que o convite tenha sido feito em função do meu trabalho de cinquenta anos destinado a reestruturar a área do marketing e transformá-la em uma disciplina mais científica e abrangente a respeito dos mercados, do comportamento do mercado e da tomada de decisões de marketing. O fato de a maioria dos profissionais de marketing e dos dirigentes do mundo terem se apoiado em alguma de minhas 14 edições de *Administração de marketing* ou das 15 edições de *Principles of Marketing* [Princípios do marketing, em tradução livre] é gratificante e, ao mesmo tempo, assustador. E se a minha teoria e recomendações sobre a prática do marketing estiverem erradas ou insuficientemente motivadas? Embora nenhuma teoria contrária tenha surgido até agora, isso não

MINHAS AVENTURAS EM MARKETING | 225

prova que a minha abordagem vá, ou deva, continuar a prevalecer. Sempre encorajei que teorias contrárias e debates tivessem lugar no marketing, porque é assim que uma área se desenvolve. Se a nossa área de marketing está sofrendo, é por falta de debates, e não por excesso deles.

Eu disse muitas vezes que me sentia bem com relação à minha decisão de estudar a disciplina de economia como um prelúdio de meu trabalho em marketing. A economia me ensinou a raciocinar cuidadosamente a respeito de como diferentes variáveis econômicas podem ser medidas e como interagem entre si. Passei a valorizar o papel da livre iniciativa de tornar o capitalismo dinâmico, o papel da política do governo e da regulamentação de preservar a concorrência e os padrões elevados, e o papel necessário do governo no revigoramento da economia quando ela é enfraquecida por um desastre financeiro ou más práticas anteriores da parte da iniciativa privada ou do governo.

Concluí recentemente meu novo livro, chamado *Capitalismo em confronto*. O capitalismo é o principal sistema econômico utilizado no mundo, embora assuma muitas formas diferentes. Examinei em 14 capítulos as principais deficiências do capitalismo, descrevendo em cada caso as principais soluções que foram propostas. Entre algumas das deficiências do capitalismo, estão o abismo cada vez maior entre ricos e pobres, falta de proteção ao ambiente, o papel da ganância, o ônus do endividamento, produtos questionáveis, o impacto da automação na redução de empregos, a financeirização excessiva das economias, a tênue relação entre o PIB e a felicidade humana e outras questões. Está previsto que a Terra terá mais de 9 bilhões de pessoas em 2050, e o desafio será proporcionar recursos

226 | PHILIP KOTLER

e empregos suficientes para sustentar a população com um padrão de vida digno.

Três preocupações se destacam. A primeira é que o capitalismo, embora capaz de gerar mais riqueza do que outros sistemas econômicos, parece gerar uma grande riqueza para poucas pessoas e resultados muito medíocres para a maioria. O abismo entre ricos e pobres está se tornando tão vasto que o capitalismo só está a serviço de um pequeno percentual da população. A prosperidade precisa ser compartilhada de modo mais amplo, especialmente para que a maioria dos consumidores possa ter poder de compra suficiente para satisfazer suas necessidades e respaldar maior crescimento econômico.

A segunda preocupação é que a teoria econômica não leva em conta toda a questão da sustentabilidade e da preservação do ar puro e da água limpa. As empresas continuam a maximizar seus lucros independentemente das acusações de externalidades negativas. Elas querem continuar a criar eternamente cada vez mais necessidades e mais bens e serviços como se isso não causasse o risco do esgotamento dos recursos naturais ou de um dano ao clima, ao ar e à água. Sabemos que seriam necessárias várias Terras para que todos no mundo pudessem ter o padrão de vida norte-americano.

A terceira preocupação é que a teoria econômica clássica é abstrata demais para levar em conta muitas forças e nuances que afetam o comportamento e as instituições do mercado. A teoria econômica clássica não presta atenção suficiente a como muitos tipos de canais de marketing e forças como a propaganda, a equipe de vendas e a promoção de vendas influenciam o nível da oferta e da procura. A teoria econômica clássica ainda parte do princípio de que os consumidores, revendedores e produtores terão um com-

MINHAS AVENTURAS EM MARKETING | 227

portamento racional e maximizador, quando essa suposição está sendo cada vez mais contestada.

A nova ciência econômica está agora recebendo o nome de *economia comportamental*, e o Prêmio Nobel em ciências econômicas já reconheceu Kahneman e Tversky, dois psicólogos, por seu trabalho em irracionalidade econômica. A *economia comportamental* é, na verdade, outra palavra para o *marketing*, o qual, há cem anos, vem adicionando a ciência e a prática econômica ao nosso entendimento de como funciona o sistema econômico. Se mais economistas acompanhassem os avanços na teoria e na prática do marketing, toda a área da economia seria enriquecida com novas teorias e descobertas.

Epílogo

Quero agradecer aos envolvidos no convite que recebi para escrever trinta colunas originais, especialmente o Sr. Tanaka, do *Nikkei*, e o Sr. Goa, da Japan Marketing Association, e meu ex-aluno Mitsu Shibata. Fiquei tão empolgado com a incumbência que acabei escrevendo 49 colunas, e agora as estou reunindo para que sejam publicadas em livro.

Envio minhas saudações ao povo japonês. Sei que o Japão atingiu um ponto de recuperação na sua trajetória e está exibindo uma energia e um poder renovados para impor o seu lugar entre as economias mais fortes do mundo.

APÊNDICE

Publicações

PHILIP KOTLER

Eminente professor de Marketing Internacional da S.C. Johnson & Son. na Escola Kellogg de Administração, Universidade Northwestern.

A. LIVROS

1. Philip Kotler, *Administração de marketing*, Ed. Pearson Education, 2012. Kevin Lane Keller passou a ser coautor em 2006.

2. Philip Kotler, Gerald Zaltman e Ira Kaufman, *Creating Social Change* [Criando a mudança social, em tradução livre], Holt, Rinehart, and Winston, 1972.

3. Philip Kotler, *Marketing Decision Making: A Model-Building Approach*, Prentice-Hall, 1972.

4. Philip Kotler, Harold Guetzkow e Randall L. Schultz, *Simulation in Social Administrative Science: Overviews and Case-Examples* [Simulação na ciência administrativo-social, em tradução livre], Prentice-Hall, 1972.

5. Philip Kotler, *Strategic Marketing for Nonprofit Organizations* [Marketing estratégico para organizações sem fins lucrativos, em tradução livre], Prentice-Hall, 1975. (Edições subsequentes em 1982, 1987, 1991, 1996, 2003, 2008.) Alan Andreasen passou a ser coautor em 1986.

232 | PHILIP KOTLER

6. Philip Kotler, *Principles of Marketing*, Prentice-Hall, 1980. (Edições subsequentes em 1983, 1986, 1989, 1991, 1994, 1996, 1999, 2001, 2004, 2006, 2008, 2010.) Gary Armstrong passou a ser coautor em 1989.

7. Philip Kotler e Gary Lilien, *Marketing Models* [Modelos de marketing, em tradução livre], Harper & Row, 1983. A obra foi revista em 1992 e publicada pela editora Prentice-Hall com a inclusão de K. Sridhar Moorthy como o terceiro autor.

8. Philip Kotler, *Introdução ao marketing*, Ed. LTC, 2000. Gary Armstrong passou a ser coautor em 1990.

9. Philip Kotler, *Marketing de serviços profissionais*, Ed. Manole, 2002. (Paul N. Bloom, na primeira edição, e Tom Hayes se uniu a nós na segunda edição em 2002).

10. Philip Kotler e Karen Fox, *Strategic Marketing for Educational Institutions*, Prentice-Hall 1985, 1995.

11. Philip Kotler, Liam Fahey e Somkid Jatusripitak, *The New Competition: What Theory Z Didn't Tell You About — Marketing*, Prentice-Hall, 1985.

12. Philip Kotler e Roberta N. Clarke, *Marketing for Health Care Organizations*, Prentice-Hall, 1987.

13. Irving Rein, Philip Kotler e Marty Stoller, *High Visibility: The Making and Marketing of Professionals into Celebrities*, Dodd, Mead, & Co., 1987. (Edições subsequentes em 1998 e 2006.)

14. Philip Kotler e Eduardo Roberto, *Social Marketing: Strategies for Changing Public Behavior*, The Free Press, 1989.

15. Philip Kotler, Norman Shawchuck, Bruce Wrenn e Gustave Rath, *Marketing for Congregations: Choosing to Serve People More Effectively*, Abingdon Press, 1992. (Obra revista em 2009, passando a ter o título *Building Strong Congregations* e Philip Kotler, Bruce Wrenn e Norman Shawchuck como coautores.)

16. Philip Kotler, Irving Rein e Donald Haider, *Marketing de lugares*, Ed. Pearson Education, 2005.

17. Philip Kotler, John Bowen e James Makens, *Marketing for Hospitality and Tourism* [Marketing para hospitalidade e turismo, em tradução livre], Prentice-Hall, 1996. (Edições subsequentes em 1999, 2003 e 2006.)

MINHAS AVENTURAS EM MARKETING | 233

18. Philip Kotler, Gary Armstrong e Veronica Wong, *Principles of Marketing — European Edition* [Princípios do marketing — Edição europeia], Prentice-Hall Europe, 1996. (Edições subsequentes em 1999, 2001 e 2005.)

19. Philip Kotler, Somkid Jatusripitak e Suvit Maesincee, *The Marketing of Nations: A Strategic Approach to Building National Wealth*, The Free Press, 1997.

20. Philip Kotler e Joanne Scheff, *Standing Room Only: Strategies for Marketing the Performing Arts*, Harvard Business School Press, 1997.

21. Neil Kotler e Philip Kotler, *Museum Strategy and Marketing: Designing Missions, Building Audiences, Generating Revenue and Resources*, Jossey Bass, 1998, 2008.

22. Philip Kotler, *Kotler on Marketing: How to Create, Win, and Dominate Markets* [Como criar, ganhar e dominar mercados segundo Kotler], The Free Press, 1999.

23. Philip Kotler, Swee Hoon Ang, Siew Meng Leong e Chin Tiong Tan, *Marketing Management-An Asian Perspective* [Administração de marketing — uma perspectva asiática, em tradução livre], Prentice-Hall, 1999, 2006.

24. Philip Kotler, Irving Rein, Donald Haider e Christer Asplund, *Marketing Places — Europe* [Marketing de lugares — Europa, em tradução livre], Financial Times, 1999.

25. Philip Kotler e Hermawan Kartajaya, *Repositioning Asia: From Bubble to Sustainable Economy*, Wiley, 2000.

26. Philip Kotler, Michael Hamlin, Irving Rein e Donald Haider, *Marketing Asian Places: Attracting Investment, Industry, and Tourism to Cities, States, and Nations* [Marketing de lugares — Ásia, em tradução livre], Wiley, 2001.

27. Philip Kotler, *A Framework for Marketing Management* [Estrutura para administração de marketing, em tradução livre], Prentice-Hall, 2001 (Edições subsequentes em 2003, 2007 e 2009).

28. Philip Kotler, Dipak Jain e Suvit Maesincee, *Marketing em ação*, Ed. Campus, 2002.

29. Philip Kotler, Nancy Lee e Eduardo Roberto, *Social Marketing: Improving the Quality of Life*, The Free Press, 2002. (O título mais

234 | PHILIP KOTLER

recente é de Philip Kotler e Nancy Lee, *Social Marketing: Influencing Behaviors for Good*, Sage, 2008.)

30. Philip Kotler, *Marketing de A a Z*, Ed. Campus, 2003.

31. Francoise Simon e Philip Kotler, *A construção de biomarcas globais*, Ed. Bookman, 2004.

32. Philip Kotler, Hermawan Kartajaya, Hooi Den Hua e Sandra Liu, *Rethinking Marketing: Sustainable Marketing Enterprise in Asia*, Prentice-Hall, 2003.

33. Philip Kotler e Fernando Trias de Bes, *Lateral Marketing: A New Approach to Finding Product, Market, and Marketing Mix Ideas*, Wiley, 2003.

34. Philip Kotler, *10 pecados mortais do marketing*, Ed. Campus, 2004.

35. Philip Kotler, Hermawan Kartajaya e David Young, *Attracting Investors: A Marketing Approach to Finding Funds for Your Business*, Wiley, 2004.

36. Philip Kotler e Nancy R. Lee, *Corporate Social Responsibility: Doing the Most Good for Your Company and Your Cause*, Wiley, 2005.

37. Philip Kotler, *According to Kotler: The World's Foremost Authority on Marketing Answers All Your Questions* [Segundo Kotler: a maior autoridade do Marketing responde todas as perguntas, em tradução livre], AMACOM, 2005.

38. Philip Kotler e Waldemar Pfoertsch, *B2B Brand Management* [Administração em mercados B2B, em tradução livre], Primavera, 2006.

39. Philip Kotler, David Gertner, Irving Rein e Donald Haider, *Marketing Places, Latin America* [Marketing de lugares — América Latina, em tradução livre], Makron and Paidos, 2006.

40. Irving Rein, Philip Kotler e Ben Shields, *Marketing esportivo: a reinvenção do esporte na busca de torcedores*, Ed. Bookman, 2008.

41. Philip Kotler e Nancy R. Lee, *Marketing no setor público: um guia para um desempenho mais eficaz*, Ed. Bookman, 2006.

42. Philip Kotler, Hermawan Kartajaya e Hooi Den Hua, *Think ASEAN: Rethinking Marketing Toward ASEAN Community 2015*, McGraw-Hill, 2007.

MINHAS AVENTURAS EM MARKETING | 235

43. Philip Kotler, Joel Shalowitz e Robert Stevens, *Strategic Marketing for Health Care Organization: Building a Customer Driven Health Care System* [Marketing estratégico para organizações da saúde: construindo um sistema de saúde para o consumidor, em tradução livre], Jossey-Bass, 2008.

44. Philip Kotler e John A. Caslione, *Vencer o caos*, Ed. Campus, 2009.

45. Philip Kotler e Nancy R. Lee, *Marketing contra a pobreza* (Porto Alegre, Bookman, 2010). (Um dos vencedores dos Prêmios 800-CEO-Read Business Book de 2009.)

46. Hong Cheng, Philip Kotler e Nancy R. Lee, *Social Marketing for Public Health: Global Trends and Success Stories*, Sudbury, Ma., Jones and Bartlett, 2011.

47. Philip Kotler, Hermawan Kartajaya e Iwan Setiawan, *Marketing 3.0: as forças que estão definindo o novo marketing centrado no ser humano*, Ed. Campus, 2010.

48. Bruce Wrenn, Philip Kotler e Norman Shawchuck, *Building Strong Congregations*, Autumn House Publishing, 2010.

49. Philip Kotler e Waldermar Pfoertsch, *Ingredient Branding: Making the Invisible Visible* [Marcar o ingrediente: tornando o invisível visível, em tradução livre], Springer, 2011.

50. Philip Kotler, Roland Berger e Nils Bickhoff, *The Quintessence of Strategic Management* [A quintessência da administração estratégica, em tradução livre], Springer, 2010.

51. Doug McKenzie-Mohr, Nancy R. Lee, P. Wesley Schultz e Philip Kotler, *Social Marketing to Protect the Environment: What Works*, Sage, 2012.

52. Fernando Trias de Bes e Philip Kotler, *Winning at Innovation: The A to F Model*, Palgrave, 2012.

53. Philip Kotler, David Hessekiel e Nancy R. Lee, *Boas ações: uma nova abordagem empresarial*, Ed. Campus, 2013. (Considerado o 4º melhor livro de marketing do ano pela *Expert Marketing Magazine — EMM*.)

54. Adam Lindgreen, Philip Kotler, Joelle Vanhamme e Francoise Maon, *A Stakeholder Approach to Corporate Social Responsibility:*

236 | PHILIP KOTLER

Pressures, Conflicts and Reconciliation [A abordagem de um stakeholder para a responsabilidade social corporativa, em tradução livre], Londres, Reino Unido, Gower, 2012.

55. Philip Kotler e Milton Kotler, *Oito estratégias para conquistar mercados*, Ed. Campus, 2013.

56. Philip Kotler, Kevin Keller, Salah S. Hassan, Imad B. Baalbaki e Hamed M. Shamma, *Marketing Management (Arab World Edition)* [Administração de marketing — Edição árabe, em tradução livre], Pearson Higher Education, 2012.

57. Philip Kotler e Milton Kotler, *Winning Global Markets: How Businesses Invest and Prosper in the World's High Growth Cities*, Wiley, 2015.

58. Philip Kotler, *Capitalismo em confronto*, Best Business, 2015.

B. ARTIGOS

1. Philip Kotler, "Elements in a Theory of Growth Stock Valuation" ["Elementos na teoria da avaliação de estoque de crescimento"], *Financial Analysts Journal*, maio-junho, 1962, pp. 3-10. (Vencedor do Prêmio Graham and Dodd 1962 para o melhor artigo do ano no *Financial Analysts Journal*.)

2. Philip Kotler. "The Use of Mathematical Models in Marketing", ["O uso de modelos matemáticos no marketing"] *Journal of Marketing*, outubro de 1963, Vol. 27, nº 4, pp. 31-41.

3. Philip Kotler, "Marketing Mix Decisions for New Products" ["Decisões do marketing para novos produtos"], *Journal of Marketing Research*, fevereiro de 1964, Vol. 1, número 1, pp. 43-49.

4. Philip Kotler, "Toward an Explicit Model for Media Selection" ["Sobre um modelo explícito para seleção de mídia"] *Journal of Advertising Research*, março de 1964, Vol. 4, nº 1, pp. 34-41. (Vencedor do Prêmio MacLaren Advertising Research de 1964 e do Prêmio de Mérito Media/Scope de 1964.)

5. Philip Kotler, "Quantitative Analysis in Marketing Research" ["Análise quantitativa na pesquisa de marketing"] *in Reflections*

MINHAS AVENTURAS EM MARKETING | 237

on Progress in Marketing, ed. L. George Smith (Chicago: American Marketing Association, 1965), pp. 651-663.

6. Philip Kotler, "The Competitive Marketing Simulator — A New Management Tool" ["Simulador de marketing competitivo — uma nova ferramenta de administração"], *California Management Review*, primavera de 1965, pp. 49-60. (Vencedor do Prêmio McKinsey como segundo melhor artigo do ano 1964-65 e vencedor do Prêmio de Mérito do Escritório de Chicago de 1964 da American Marketing Association.)

7. Philip Kotler, "Phasing Out Weak Products" ["Acabando com produtos fracos"], *Harvard Business Review*, março-abril de 1965, Vol. 43, nº 2, pp. 107-118.

8. Philip Kotler, "Behavioral Models for Analyzing Buyers" ["Modelos de comportamento para analisar compradores"], *Journal of Marketing*, outubro de 1965, Vol. 29, nº 4, pp. 37-45.

9. Philip Kotler, "Competitive Strategies for New Product Marketing Over the Life Cycle" ["Estratégias competitivas para o marketing de novos produtos pelo ciclo da vida"], *Management Science*, dezembro de 1965, Vol. 12, nº 4, pp. 104-119.

10. Philip Kotler, "Diagnosing the Marketing Takeover" ["Diagnosticando a tomada de controle do marketing"], *Harvard Business Review*, novembro-dezembro de 1965, Vol. 43, nº 6, pp. 70-72.

11. Philip Kotler, "Profits and the Marketing Concept" ["Lucros e o conceito do marketing"], Synopsis, *Journal of the Belgian National Productivity Center*, dezembro de 1965, pp. 1-16.

12. Philip Kotler, "Evaluating Competitive Marketing Strategies through Computer Simulation" ["Avaliando estratégias competitivas do marketing na simulação de computador"], *in Marketing and Economic Growth*, ed. Peter D. Bennett (Chicago: American Marketing Association, 1966), pp. 338-352.

13. Philip Kotler, "Computerized Media Selection: Some Notes on the State of the Art" ["Seleção de mídia computadorizada: notas sobre o estado da arte"], *Occasional Papers in Advertising (Applications of the Sciences in Marketing Management*, editor especial C.

238 | PHILIP KOTLER

H. Sandage), Vol. 1, nº 1, janeiro de 1966, pp. 45-52. (Babson Park, MA: American Academy of Advertising, The Babson Institute.) (Vencedor de um Prêmio de Prata no Thomson Media Research Award Program de 1965.)

14. Philip Kotler, "A Guide to Long-Range Product-Market Planning" ["Um guia para o planejamento produto-mercado de longo alcance"], Sinopse, *Journal of the Belgian National Productivity Center*, julho-agosto de 1966, pp. 13-24.

15. "New Mathematics for Marketing Planning" ["Nova matemática para o planejamento de marketing"], *in New Ideas for Successful Marketing*, editores. John S. Wright e Jack L. Goldstucker (Chicago: American Marketing Association, 1966), pp. 507-528.

16. Philip Kotler, "A Design for the Firm's Marketing Nerve Center" ["Um design para o centro de nervos do marketing da empresa"], *Business Horizons*, outono de 1966, Vol. 9, nº 3, pp. 63-74.

17. Philip Kotler, "Operations Research in Marketing" ["Operações de pesquisa em marketing"], *Harvard Business Review*, janeiro-fevereiro de 1967, Vol. 45, nº 1, pp. 3-188.

18. Philip Kotler, "Computer Simulation in the Analysis of New-Product Decisions" ["Simulação de computador na análise de decisões para novos produtos"] *in Applications of the Sciences in Marketing Management*, editores Frank M. Bass, Charles W. King e Edgar A. Pessemier. (Nova York: John Wiley & Sons, 1968), pp. 281-331.

19. Philip Kotler, "Decision Processes in the Marketing Organization" ["Processos de decisão do marketing"] *in Systems: Research and Applications for Marketing*, editores Daniel Slate e Robert Ferber (Urbana, IL: University of Illinois, Bureau of Economic and Business Research, 1968), pp. 57-70.

20. Philip Kotler, "Mathematical Models of Individual Buyer Behavior" ["Modelos matemáticos do comportamento individual do comprador"], *Behavioral Science*, julho de 1968, Vol. 13, nº 4, pp. 274-287.

21. Philip Kotler, "Marketing Education in the 1970s" ["Educação do marketing"] *in Changing Marketing Systems: Consumer, Corporate,*

MINHAS AVENTURAS EM MARKETING | 239

and Government Interface, Ed. Reed Moyer (Chicago, IL: American Marketing Association, 1969).

22. Philip Kotler, "Some Needed Extensions in the Theory of Marketing Programming" ["Extensões necessárias na teoria da programação do marketing"]. Trabalhos da 1968 Fall Conference [Conferência de Outono de 1968] da American Marketing Association (Chicago, IL: American Marketing Association, 1969).

23. Philip Kotler e Sidney J. Levy, "Broadening the Concept of Marketing" ["Ampliando o conceito de marketing"], *Journal of Marketing*, janeiro 1969, Vol. 33, nº 1, pp. 10-15. (Vencedor do Prêmio da Alpha Kappa Psi Foundation de 1969 para o melhor artigo de 1969 no *Journal of Marketing*.)

24. Philip Kotler, "Coping with the Complexities of Marketing" ["Lidando com as complexidades do marketing"], *The Conference Board Record*, janeiro de 1969, Vol. 1, nº 1, pp. 53-59.

25. Philip Kotler, "The Future of the Computer in Marketing" ["O futuro do computador no marketing"], *Journal of Marketing*, janeiro de 1970, Vol. 34, nº 1, pp. 11-14.

26. Sidney J. Levy e Philip Kotler, "Beyond Marketing: The Furthering Concept" ["Além do marketing: o conceito aprofundado"], *California Management Review*, inverno de 1969, Vol. 12, nº 2, pp. 67-73.

27. Philip Kotler and Randall L. Schultz, "Marketing Simulations: Review e Prospects", ["Simulações do marketing: revisão e perspectivas"], *Journal of Business of the University of Chicago*, julho de 1970, Vol. 43, nº 3, pp. 237-295.

28. Philip Kotler, "Corporate Models: Better Marketing Plans" ["Modelo corporativo: melhores planos de marketing"], *Harvard Business Review*, julho-agosto de 1970, Vol. 48, nº 4, pp. 135-149.

29. Philip Kotler, "A Guide to Gathering Expert Estimates: The Treatment of Unscientific Data" ["Um guia para reunir estimativas técnicas: o tratamento de dados não científicos"], *Business Horizons*, outubro de 1970, Vol. 13, nº 5, pp. 79-87.

240 | PHILIP KOTLER

30. Philip Kotler, "The Elements of Social Action" ["Os elementos da ação social"], *American Behavioral Scientist*, maio-junho de 1971, Vol. 14, nº 5, pp. 691-717.

31. Philip Kotler e Gerald Zaltman, "Social Marketing: An Approach to Planned Social Change" ["Marketing social: uma abordagem para a mudança social planejada"], *Journal of Marketing*, julho de 1971, Vol. 35, nº 3, pp. 3-12. (Vencedor do Prêmio da Alpha Kappa Psi Foundation de 1971 como o melhor artigo de 1971 no *Journal of Marketing*.)

32. Philip Kotler, "Metamarketing: The Furthering of Organizations, Persons, Places, and Causes" ["Metamarketing: o aprofundamento de organizações, pessoas, lugares e causas"], *Marketing Forum*, julho-agosto de 1971, pp. 13-23.

33. Philip Kotler e Sidney J. Levy, "Demarketing, Yes, Demarketing" [Demarketing, sim, demarketing"], *Harvard Business Review*, novembro-dezembro de 1971, Vol. 49, nº 6, pp. 74-80.

34. Philip Kotler, "A Generic Concept of Marketing" ["Um conceito genérico de marketing"], *Journal of Marketing*, abril de 1972, Vol. 36, nº 2, pp. 46-54. (Vencedor do Prêmio da Alpha Kappa Psi Foundation de 1972 como o melhor artigo de 1972 no *Journal of Marketing*.)

35. Philip Kotler, "What Consumerism Means to Marketers" [O que o consumismo significa para os marqueteiros"], *Harvard Business Review*, maio-junho de 1972, Vol. 50, nº 3, pp. 48-57.

36. Philip Kotler e Sidney J. Levy, "Buying is Marketing, Too!" ["Comprar é marketing também!"], *Journal of Marketing*, janeiro de 1973, Vol. 37, nº 1, pp. 54-59.

37. Philip Kotler, Fred C. Allvine e Paul N. Bloom, "It's Time to Cut Down on Advertising Waste" ["É hora de diminuir o desperdício da propaganda"], *Business and Society Review*, inverno de 1972-73, número 4, pp. 9-18.

38. Philip Kotler, "Atmospherics as a Marketing Tool" ["Interferências como ferramenta de marketing"], *Journal of Retailing*, inverno de 1973-74, Vol. 49, nº 4, pp. 48-64.

MINHAS AVENTURAS EM MARKETING | 241

39. Philip Kotler e Bernard Dubois, "Education Problems and Marketing" ["Problemas de educação e marketing"] in *Marketing Analysis For Societal Problems*, editores Jagdish N. Sheth e Peter L. Wright (Urbana, IL.: Bureau of Business and Economic Research, 1974), pp. 186-206.

40. Philip Kotler, "The Major Tasks of Marketing Management" ["As maiores tarefas da administração do marketing"], *Journal of Marketing*, outubro de 1973, Vol. 37, n° 4, pp. 42-49.

41. Philip Kotler, "Marketing During Periods of Shortage" ["Marketing dos períodos de escassez"], *Journal of Marketing*, julho de 1974, Vol. 38, n° 3, pp. 20-29.

42. Philip Kotler, "Advertising in the Nonprofit Sector" ["Propaganda no setor sem fins lucrativos"] in *Advertising and Society*, ed. Yale Brozen (Nova York: New York University Press, 1974), pp. 169-189.

43. Paul N. Bloom e Philip Kotler, "Strategies for High Market-Share Companies" ["Estratégias para companhias de alta fatia do mercado"], *Harvard Business Review*, novembro-dezembro de 1975, Vol. 53, n° 6, pp. 63-72.

44. Philip Kotler e Michael Murray, "Third Sector Management — The Role of Marketing" ["Administração do terceiro setor — o papel do marketing"], *Public Administration Review*, setembro-outubro de 1975, Vol. 35, n° 5, pp. 467-472. (Vencedor parcial do Prêmio Dimock, concedido a artigos considerados como contendo as "soluções mais inovadoras para a década de 1970".)

45. Philip Kotler e V. Balachandran, "Strategic Remarketing: The Preferred Response to Shortages and Inflation" ["Demarketing estratégico: a resposta preferida para retrações e inflação"], *Sloan Management Review*, outono de 1975, Vol. 17, n° 1, pp. 1-17.

46. Philip Kotler e Gerald Zaltman, "Targeting Prospects for a New Product" ["Criando perspecitvas para um novo produto"], *Journal of Advertising Research*, fevereiro de 1976, Vol. 16, n° 1, pp. 7-20.

47. Philip Kotler e Richard A. Connor, Jr., "Marketing Professional Services" ["Serviços de marketing profissional"], *Journal of Marketing*, janeiro de 1977, Vol. 41, n° 1, pp. 71-76.

242 | PHILIP KOTLER

48. Philip Kotler, "Applying Marketing Theory to College Admissions" ["Aplicando a teoria do marketing às admissões para faculdade"] *in A Role for Marketing in College Admissions*, da College Entrance Examination Board, pp. 54-72 (Nova York: College Entrance Board, 1976).

49. Philip Kotler, William Gregor e William Rodgers, "The Marketing Audit Comes of Age" ["O balanço do marketing vem da idade"], *Sloan Management Review*, inverno de 1977, Vol. 18, nº 2, pp. 25-43.

50. Philip Kotler, "From Sales Obsession to Marketing Effectiveness" ["Da obsessão das vendas para a efetividade do marketing"], *Harvard Business Review*, novembro-dezembro de 1977, Vol. 55, nº 6, pp. 67-75.

51. Philip Kotler, "Marketing's Drive to Maturity" ["O caminho do marketing para a maturidade"] *in Changing Marketing Strategies in a New Economy*, editores Jules Backman e John A. Czepiel (Indianápolis: Bobbs-Merrill Education Publishing, 1977), pp. 43-64.

52. Philip Kotler e Lenore Borzak, "The Market for Personal Growth Services" ["O mercado para serviços de crescimento pessoal"] *in Advances in Consumer Research*, editor H. Keith Hunt, Vol. 5 (Ann Arbor, MI: Association for Consumer Research, 1978), pp. 290-294.

53. Philip Kotler, "Axioms for Societal Marketing" ["Axiomas para o marketing"] *in New Frontiers for Marketing*, editor George Fisk, Johan Arndt e Kjell Gronhaug, 1978.

54. Philip Kotler, "Marketing" ["Marketing"] *in Handbook of Operations Research*, capítulo 3, seção 1, Vol. 2 (NY: Van Nostrand Reinhold Company, 1978).

55. Philip Kotler, "Harvesting Strategies for Weak Products" ["Colhendo estratégias para produtos fracos"], *Business Horizons*, agosto de 1978, Vol. 21, nº 4, pp. 15-22.

56. Philip Kotler e William Mindak, "Marketing and Public Relations: Should They Be Partners or Rivals?" ["Marketing e

MINHAS AVENTURAS EM MARKETING | 243

relações públicas: parceiros ou rivais?"], *Journal of Marketing*, outubro de 1978, Vol. 42, n° 4, pp. 13-20.

57. Philip Kotler, "Educational Packagers: A Modest Proposal" ["Empacotadores educacionais: uma proposta modesta"], *The Futurist*, agosto de 1978, Vol. 12, n° 4, pp. 239-242.

58. Philip Kotler, "A Critical Assessment of Marketing Theory and Practice" ["Uma avaliação crítica da teoria e da prática do marketing"] in *Diffusing Marketing Theory and Research: The Contributions of Bauer, Green, Kotler and Levitt*, editores Alan R. Andreasen e David M. Gardner (Champaign, IL: The University of Illinois Press, 1978).

59. Philip Kotler, "Strategies for Introducing Marketing into Non-profit Organizations" ["Estratégias para introduzir o marketing em organizações sem fins lucrativos"], *Journal of Marketing*, janeiro de 1979, Vol. 43, n° 1, pp. 37-44.

60. Philip Kotler, "The Future Marketing Manager" ["O futuro gerente de marketing"] in *Proceedings of the American Marketing Association*, editora Betsy Gelb, 1978.

61. Philip Kotler, "Market Challenger Strategies" ["Estratégias desafiadoras do mercado"] in *Handbook of Business Planning and Budgeting for Executives with Profit Responsibility*, editores Thomas S. Dudick e Robert V. Gorski (NY: Van Nostrand Reinhold, 1980), pp. 66-70.

62. Arthur Sterngold e Philip Kotler, "A Marketing Approach to Energy Conservation" ["Uma abordagem do marketing para a conservação de energia"] in *The Conserver Society*, editores Karl Henion II e Thomas Kinnear (Chicago, IL: American Marketing Association, 1979), pp. 193-207.

63. Karen F. A. Fox e Philip Kotler, "The Marketing of Social Causes: The First 10 Years" ["O marketing das causas sociais: os primeiros dez anos"], *Journal of Marketing*, outono de 1980, Vol. 44, n° 4, pp. 24-33.

64. Philip Kotler e Patrick E. Murphy, "Strategic Planning for Higher Education" ["Planejamento estratégico para melhor educação"],

244 | PHILIP KOTLER

Journal of Higher Education, setembro-outubro de 1981, Vol. 52, nº 5, pp. 470-489.

65. Philip Kotler e Ravi Singh (Achrol), "Marketing Warfare in the 1980s" ["Guerra do marketing em 1980"], *Journal of Business Strategy*, inverno de 1981, Vol. 1, nº 3, pp. 30-41.

66. Philip Kotler e Neil Kotler, "Business Marketing for Political Candidates" ["Marketing de negócios para candidatos políticos"], *Campaigns and Elections*, verão de 1981, pp. 24-33.

67. Karen F. A. Fox e Philip Kotler, "Reducing Cigarette Smoking: An Opportunity for Social Marketing?" ["Reduzindo o fumo: uma oportunidade para o marketing social"], *Journal of Health Care Marketing*, inverno de 1980-81, Vol. 1, nº 1 pp. 8-17.

68. Philip Kotler e Liam Fahey, "The World's Champion Marketers: The Japanese" ["Os marqueteiros campeões do mundo: os japoneses"], *Journal of Business Strategy*, verão de 1982, Vol. 3, nº 1, páginas 3-13.

69. Philip Kotler e Leslie A. Goldgehn, "Marketing: A Definition for Community Colleges" ["Marketing: uma definição para faculdades comunitárias"] *in New Directions for Community Colleges: Marketing the Program*, editores William e Marybelle Keim, (São Francisco: Jossey-Bass Inc., 1981).

70. Philip Kotler, "Dream" Vacations: The Booming Market for Designed Experiences" ["Férias dos sonhos: o mercado em ascensão], *The Futurist*, outubro de 1984, Vol. 18, nº 5, pp. 7-13.

71. Philip Kotler e G. Alexander Rath, "Design: A Powerful But Neglected Strategic Tool" ["Design: uma ferramenta estratégica poderosa, mas negligenciada"], *Journal of Business Strategy*, outono de 1984, Vol. 5, nº 2, pp. 16-21.

72. Somkid Jatusripitak, Liam Fahey e Philip Kotler, "Strategic Global Marketing: Lessons from the Japanese" ["Marketing estratégico global: lições dos japoneses"], *Columbia Journal of World Business*, primavera de 1985, Vol. 20, nº 1, pp. 47-53.

73. Philip Kotler e Murali K. Mantrala, "Flawed Products: Consumer Responses and Marketer Strategies" ["Produtos com falhas:

MINHAS AVENTURAS EM MARKETING | 245

respostas dos consumidores e estratégias do marketing"], *Journal of Consumer Marketing*, verão de 1985, Vol. 2, nº 3, pp. 27-36.

74. Philip Kotler e Liam Fahey, "Japanese Strategic Marketing: An Overview" ["Marketing estratégico japonês: uma visão geral"] *in Strategic Marketing and Management*, editores Howard Thomas e David Gardner (NY: John Wiley & Sons, Inc., 1985), pp. 441-451.

75. Karen F. A. Fox e Philip Kotler, "Strategic Marketing for New Programs" ["Marketing estratégico para novos programas], Selections (*The Magazine of the Graduate Management Admissions Council*), outono de 1984, pp. 15-22.

76. Philip Kotler e Karen F. A. Fox, "The Marketing Planning Process" ["O processo de planejamento do marketing"], *Journal of Higher Education Management*, verão/outono de 1985, pp. 33-55.

77. Philip Kotler, "Megamarketing" ["Megamarketing"], *Harvard Business Review*, março/abril de 1986, Vol. 64, nº 2, pp. 117-124.

78. Philip Kotler, "Prosumers: A New Type of Consumer" ["Prosumers: um novo tipo de consumidor"], *The Futurist*, setembro/ outubro de 1986, Vol. 20, nº 5, pp. 24-28.

79. Philip Kotler, "How to Set the Hospital's Marketing Budget" ["Como estabelecer o orçamento do marketing do hospital"], *Journal of Health Care Marketing*, março de 1986, Vol. 6, nº 1, pp. 7-12.

80. Philip Kotler e Roberta E. Clark, "Creating the Responsive Organization" ["Criando a organização responsiva"], *Healthcare Forum*, maio/junho de 1986, pp. 26-32.

81. Philip Kotler, "Idea Management" ["Criando a organização responsiva"], *AWH Healthcare Forum*, março/abril de 1986, pp. 45-48.

82. Philip Kotler, "Global Standardization — Courting Danger" ["Padronização global — atraindo o perigo"], *Journal of Consumer Marketing*, primavera de 1986, Vol. 3, nº 2, pp. 13-15.

83. Philip Kotler, "Global Marketing Strategies" ["Estratégias do marketing global"] *in Protectionism: Can American Business Overcome It*, editor Douglas Lamont (Indianápolis, *in* Books Craft, Inc., 1986).

246 | PHILIP KOTLER

84. Philip Kotler, "Meeting the New Competition from Japan and the Far East" ["Conhecendo a nova competição do Japão e do Extemo Oriente"], *Journal of Global Marketing.*

85. Philip Kotler, "Semiotics of Person and Nation Marketing" ["Semiótica do marketing pessoal e nacional"] *in Marketing and Semiotics,* editado por Jean Umiker-Sebeok (Berlim; Paris: Mouton de Gruyer, 1987) pp. 3-12.

86. Philip Kotler, "The Convenience Store: Past Developments and Future Prospects" ["A loja de conveniência: desenvolvimentos passados e perspectivas futuras"] *in Historical Perspectives in Marketing: Essays in honor of Stanley C. Hollander,* editores Terrence Nevett e Ronald A. Fullerton (Lexington, MA: Lexington Books, 1988), pp. 163-175.

87. Philip Kotler, "Humanistic Marketing: Beyond the Marketing Concept" ["Marketing humanístico: além do conceito de marketing"] *in Philosophical and Radical Thought in Marketing,* editores A. Fuat Firat, Nikhilesh. Dholakia e Richard P. Bagozzi (Lexington, MA: Lexington Books, 1987), pp. 271-288.

88. Philip Kotler, "Broadening the Concept of Marketing Still Further: The Megamarketing Concept" ["Ampliando ainda mais o conceito de marketing: o conceito de megamarketing"] *in Contemporary Views on Marketing Practice,* editores Gary L. Frazier e Jagdish N. Sheth (Lexington, MA: Lexington Books, 1987), pp. 3-18.

89. Philip Kotler, "The Potential Contributions of Marketing Thinking to Economic Development" ["As contribuições potenciais do marketing quanto ao desenvolvimento econômico"] *in Marketing and Development: Toward Broader Dimensions (Research in Marketing, Supplement 4),* editores Erdo ğan Kumcu e A. Fuat Firat (Greenwich, Conn. JAI Press Inc., 1988), pp. 1-10.

90. Philip Kotler e Nikhilesh Dholakia, "Ending Global Stagnation: Linking the Fortunes of the Industrial and Developing Countries" ["Acabando com a estagnação global: ligando as

MINHAS AVENTURAS EM MARKETING | 247

fortunas dos países industriais e desenvolvidos"], *Business in the Contemporary World*, primavera de 1989, pp. 86-97.

91. Philip Kotler, "From Mass Marketing to Mass Customization" ["Do marketing de massa à customização de massa"], *Planning Review*, setembro-outubro de 1989, Vol. 17, n° 5, pp. 10-13.

92. Howard Barich e Philip Kotler, "A Framework for Marketing Image Management" ["Uma estrutura para a administração do marketing de imagem"], *Sloan Management Review*, inverno de 1991, Vol. 32, n° 2, pp. 94-104.

93. Philip Kotler, "Globalization — Realities and Strategies" ["Globalização: realidades e estratégias"], *Die Unternehmung*, fevereiro de 1990, pp. 79-99.

94. Philip Kotler e Paul J. Stonich, "Turbo-Marketing Through Time Compression" ["Turbo marketing na compreensão do tempo"], *Journal of Business Strategy*, setembro/outubro de 1991, Vol. 5, n° 5, pp. 24-29.

95. Philip Kotler, "It's Time for Total Marketing" ["É hora do marketing total"], *Business Week Advance Briefs*, Vol. 2, setembro de 1992 pp. 1-21.

96. Philip Kotler, "Marketing's New Paradigm: What's Really Happening Out There" ["O novo paradigma do marketing: o que está realmente acontecendo lá fora"], *Planning Review (a Publication of the Planning Forum)*, número Especial da Conferência, setembro-outubro de 1992, Vol. 20, n° 5, pp. 50-52.

97. Philip Kotler e Bruce Wrenn, "The Marketing of Parochial School Modeled as an Exchange Process" ["O marketing da escola paraquial modelado como um processo de câmbio"], *Journal of Research on Christian Education*, primavera de 1993, pp. 119-134.

98. Bruce Wrenn, Norman Shawchuck, Philip Kotler e Gustave Rath, "What Does It Mean for Pastors to Adopt Market Orientation?" ["O que significa a adoção da orientação de marketing pelos pastores?"], *Journal of Ministry Marketing, and Management*, verão de 1995, Vol. 1, n° 1, pp. 5-23.

248 | PHILIP KOTLER

99. Philip Kotler, Donald Haider e Irving Rein, "There's No Place Like Our Place! The Marketing of Cities, Religions, and Nations" ["Não há lugar como nossa casa! O marketing das cidades, religiões e nações"] *The Futurist*, novembro-dezembro de 1993, Vol. 27, nº 6, pp. 14-21.

100. Philip Kotler, Bruce Wrenn, Norman Shawchuck e Gus Rath, "Can (Should) Religion Be Marketed?" ["A religião pode (deve) se comercializada?"], *Quarterly Review*, verão de 1994, pp. 117-134.

101. Philip Kotler e Alan Andreasen, "Strategic Marketing for Non-Profit Organizations" ["Marketing estratégico para organizações sem fins lucrativos"] *in Companion Encyclopedia of Marketing*, ed. Michael J. Baker (Londres: Routledge, 1995), pp. 930-950.

102. William H. Rodgers, Gerard A. Osborne e Philip Kotler, "Auditing the Marketing Function" ["Auditar a função do marketing"] *in AMA Management Handbook*, editor John J. Hampton, (3ª edição) (Nova York: AMACOM, 1994).

103. Philip Kotler, "Reconceptualizing Marketing: An Interview with Philip Kotler" ["Reconceitualizando o marketing: uma entrevista com Philip Kotler"], *European Management Journal*, dezembro de 1994, Vol. 12, nº 4, pp. 353-361.

104. Philip Kotler, "Marketing and Merchandising" ["Marketing e merchandising"], *Encyclopedia Britannica*, 1995, pp. 495-508.

105. Philip Kotler, "From Mass Marketing to Self-Marketing" ["Do marketing de massa ao marketing pessoal"] *in Markt-und Menschenorientierte Unternehmensführung*, editores Bruno Staffelbach e Hans Peter Wehrli (trabalhos em homenagem a Krulis-Randa, University of Zurich, 1996).

106. Joanne Scheff e Philip Kotler, "How the Arts Can Prosper through Strategic Collaborations" ["Como a arte pode prosperar através da estratégia colaborativa"], *Harvard Business Review*, janeiro-fevereiro de 1996, Vol. 74, nº 1, pp. 52-62.

107. Joanne Scheff e Philip Kotler, "Crisis in the Arts: The Marketing Response" ["A crise na arte: a resposta do marketing"], *California Management Review*, outono de 1996, Vol. 39, nº 1, pp. 28-52.

MINHAS AVENTURAS EM MARKETING | 249

108. Philip Kotler, "Mapping the Future Marketplace" ["Mapeando o futuro do mercado"] *in Rethinking the Future: Rethinking Business, Principles, Competition, Control & Complexity, Leadership, Markets, and the World*, editor Rowan Gibson (Londres: Nicholas Brealey Publishing, 1997), pp. 196-210.

109. Philip Kotler, "Competitiveness and Civic Character" ["Competitividade e caráter cívico"] *in The Organization of the Future*, editores Frances Hesselbein, Marshall Goldsmith e Richard Beckhard (São Francisco: Jossey-Bass, 1997), pp. 151-58.

110. Philip Kotler e Alan R. Andreasen, "Not-for-Profit Marketing" ["Marketing sem fins lucrativos"], *International Encyclopedia of Business and Management*, editor Malcolm Warner (Londres: Thompson Publishing, 1996), pp. 3.696-3.707.

111. Philip Kotler, "Role of the Marketing Department in the Organization of the Future" ["O papel do departamento de marketing na organização do futuro"] *in Marktorientierte Unternehmensführung: Reflexionen, Denkanstöße, Perspektiven* (Frankfurt: Alemanha, Gabler, 1997), pp. 491-496.

112. Philip Kotler, "Managing Direct and Online Marketing" ["Gerenciamento de marketing direto e on-line"] *in Handbuch Database Marketing*, editores Jörg Link, Dieter Brändli, Christian Schleuning e Roger E. Kehl. IM Fachverlag, Auflage, 1997, pp. 492-511.

113. Philip Kotler e Bernard Dubois, "Le Marketing Direct Interactif: Marketing du 21 ème Siècle?" ["O marketing direto interativo: marketing do século XX"], *Revue Francaise de Marketing*, n° 164, 1997/4, pp. 43-58.

114. Philip Kotler e Neil Kotler, "Political Marketing — Generating Effective Candidates, Campaigns, and Causes" ["Marketing político — geração de candidatos efetivos, campanhas e causas"] *in Handbook of Political Marketing*, editor Bruce Newman. Sage, 1999, pp. 3-18.

115. Philip Kotler, "The Marketing of Leadership" ["O marketing da liderança"]. *Leader to Leader*, inverno de 1999, pp. 22-27.

250 | PHILIP KOTLER

116. Philip Kotler, "Boards Should Tune in to Corporate Marketing Programs" ["Conselhos devem sintonizar com programas de marketing corporativo"], *Directorship*, julho/agosto de 1999, Vol. 25, (7), pp. 12-13 e 19.

117. Ravi S. Achrol e Philip Kotler, "Marketing in the Network Economy" ["Marketing na economia de rede"], *Journal of Marketing*, edição especial de 1999, Vol. 63, (4) pp. 146-163.

118. Nirmalya Kumar, Lisa Sheer e Philip Kotler, "From Market Driven to Market Driving" ["Do marketing impulsionado à condução do mercado"], *European Management Journal*, abril de 2000, Vol. 18, nº 2, pp. 129-142.

119. Mohanbir Sawhney e Philip Kotler, "Marketing in the Age of Information Democracy" ["O marketing na era da democracia da informação"] *in Kellogg on Marketing*, editor Dawn Iacobucci. Wiley, 2000, capítulo 13, pp. 386-408.

120. Swee Hoon Ang, Siew Meng Leong e Philip Kotler, "The Asian Apocalypse: Crisis Marketing for Consumers and Businesses" ["O apocalipse asiático: crise do marketing para consumidores e comerciantes"], *Long Range Planning*, fevereiro de 2000, Vol. 33, (1), pp. 97-119.

121. Philip Kotler, Dipak Jain e Suvit Maesincee, "Nine Major Shifts in the New Economy" ["As nove maiores mudanças na Nova Economia"] *in Electronic Customer Relationship Management*, editores Andreas Eggert e Georg Fassott. Schäffer-Poeschel, 2001, pp. 15-26.

122. Philip Kotler e Hermawan Kartajaya, "Only the Sustainable Succeed: Lessons from Asian Survivors" ["Só os sustentáveis têm êxito: lições dos sobreviventes asiáticos"], *Nanyang Business Review*, Vol. 1, nº 1, 2002.

123. Neil Kotler e Philip Kotler, "Can Museums Be All Things to All People? Missions, Goals, and Marketing's Role" ["Os museus podem ser todas as coisas para todas as pessoas? Missões, objetos e o papel do marketing"], *Museum Management and Curatorship*, Vol. 18, nº 3, 2000, pp. 271-287.

MINHAS AVENTURAS EM MARKETING | 251

124. Philip Kotler e David Gertner, "Country as Brand, Product and Beyond: A Place Marketing and Brand Management Perspective" ["O campo como marca, produto e mais: uma perspectiva do marketing local e gerenciamento de marca"], *Journal of Brand Management*, abril de 2002, Vol. 9, (4/5), pp. 249-261.

125. Philip Kotler e Robert Spekman, "The Marketing Consultant" ["O consultor de marketing"] *in Handbook of Management Consulting: The Contemporary Consultant, Insights from World Experts*, editores Larry Greiner e Flemming Poulfelt. South-Western College Publishing, 2004.

126. Philip Kotler e Nancy Lee, "Best of Breed" [O melhor da espécie"], *Stanford Social Innovation Review*, Vol. 1, nº 4, primavera de 2004, pp. 14-23.

127. Philip Kotler, "Wrestling with Ethics: Is Marketing Ethics an Oxymoron?" ["Lutando com a ética: a ética do marketing é um paradoxo?], *Marketing Management*, novembro-dezembro de 2004, Vol. 13, (6), pp. 30-35.

128. David Gertner e Philip Kotler, "How Can a Place Correct a Negative Image" [Como um lugar pode corrigir uma imagem negativa?"], *Place Branding*, janeiro de 2005, Vol. 1, nº 1, pp. 50-57.

129. Philip Kotler, "A Three-Part Plan for Upgrading Your Marketing Department for New Challenges" ["Um plano em três partes para preparar seu departamento de marketing para novos desafios"], *Strategy and Leadership*, Vol. 32, nº 5, 2004, pp. 4-9.

130. Philip Kotler, "The Role Played by the Broadening of Marketing Movement in the History of Marketing Thought" ["O papel da ampliação do movimento do marketing na história do pensamento do marketing"], *Journal of Public Policy and Marketing*, maio de 2005, Vol. 24, (1), pp. 114-116.

131. Ravi S. Achrol e Philip Kotler, "The Service-Dominant Logic for Marketing: A Critique" ["A lógica de serviço dominante para o marketing: uma crítica"] *in The Service-Dominant Logic of Marketing: Dialog, Debate, and Directions*, editores Robert F. Lusch e Stephen L. Vargo. M.E. Sharpe, 2006.

252 | PHILIP KOTLER

132. Philip Kotler, "Ethical Lapses of Marketers" ["Lapsos éticos dos marqueteiros"] *in Does Marketing Need Reform*, editores Jagdish N. Sheth e Rajendra S. Sisodia. M.E. Sharpe, 2006, pp. 153-157.

133. Kevin Lane Keller e Philip Kotler, "Holistic Marketing: Broad, Integrated Perspective to Marketing Management" ["Marketing holístico"] *in Does Marketing Need Reform*, editores Jagdish N. Sheth e Rajendra Sisodia. M.E. Sharpe, 2006, pp. 300-05.

134. Philip Kotler, "Alphabet Soup" ["Sopa de letrinhas"], *Marketing Management*, 2006, Vol. 15, (2), p. 51.

135. Philip Kotler, Neil Rackham e Suj Krishnaswamy, "Ending the War Between Sales and Marketing" ["Acabando com a guerra entre vendas e marketing"], *Harvard Business Review*, julho de 2006, Vol. 84, (7/8), pp. 68-78.

136. Philip Kotler, Ned Roberto e Tony Leisner, "Alleviating Poverty: A Macro/Micro Marketing Perspective" ["Aliviando a pobreza: uma perspectiva macro/micro de marketing"], *Journal of Macromarketing*, dezembro de 2006, Vol. 26, n° 2, pp. 233-39.

137. Philip Kotler e John C. Westman, "What CEO's Need to Know and Do About Marketing" ["O que os CEOS precisam saber e fazer com o marketing"], *Leader to Leader Journal*, n° 42, outono de 2006.

138. Philip Kotler e Nancy R. Lee, "Marketing in the Public Sector: The Final Frontier" ["Marketing no setor público: a fronteira final"], *The Public Manager*, primavera de 2007, Vol. 36, (1), pp. 12-17.

139. Philip Kotler e Waldemar Pfoertsch, "Being Known or Being One of Many: The Need for Brand Management for Business-to-Business (B2B) Companies" ["Ser famoso ou ser qualquer um: a necessidade do brending para o business-to-business"], *The Journal of Business Industrial Marketing*, 2007, Vol. 22, n° 6, pp. 357-362.

140. Philip Kotler, "Marketing: The Unappreciated Work Horse" ["Marketing: o burro de carga não reconhecido"], *Market Leader*, 2° trimestre de 2009, pp. 2-4.

141. Philip Kotler, Rob Wolcott e Suj Chandrasekhar, "Masters of Value and Possibility: Optimizing the Marketing and Research

MINHAS AVENTURAS EM MARKETING | 253

& Development Relationship" ["Mestres da importância e da possibilidade: otimizando o marketing e pesquisa e o desenvolvimento de relações"], *Business Insight*, http://sloanreview. mit.edu/business-insight/articles/209/1/.

142. Robert Shaw e Philip Kotler, "Rethinking the Chain: Make Marketing Leaner, Faster and Better" ["Repensando a cadeia: faça um marketing ágil, rápido e melhor"], *Marketing Management*, julho-agosto de 2009, pp. 18-23.

143. Philip Kotler e John Caslione, "How Marketers Can Respond to Recession and Turbulence" ["Como marketeiros podem responder à recessão e à turbulência"], *Journal of Consumer Behavior*, Vol. 8, verão de 2009, pp. 187-191.

144. Nancy R. Lee e Philip Kotler, "Ending Poverty: "What's Social Marketing Go to Do With It?" ["Acabar com a pobreza: o que o marketing social tem a ver com isso?"], *SMQ*, inverno de 2009, pp. 134-40.

145. Robert Shaw e Philip Kotler, "Rethinking the Chain: Leaner, Faster and Better Marketing" ["Repensando a cadeia: faça um marketing ágil, rápido e melhor"], *Market Leader*, 1º trimestre de 2010.

146. Kevin Lane Keller e Philip Kotler, "Branding in B2B Firms" ["Branding em empresas B2B"] *in Business to Business Marketing Handbook*, editores Gary L. Lilien e Rajdeep Grewal, Edward Elgar Publishing, prestes a ser publicado.

147. Philip Kotler e David Gertner, "A Place Marketing and Brand Management Perspective Revisited" ["Uma perspectiva revisitada do place marketing e do gerenciamento de brand"] *in Destination Brands: Managing Place Reputation* de Nigel Morgan e Annette Prichard, 3ª edição, Elsevier, 2011.

148. R. Craig Lefebvre e Philip Kotler, "Design Theory, Demarketing, and Behavioral Economics: Fostering Interdisciplinary Growth in Social Marketing" ["Teoria do design, demarketing e economia comportamental: a concepção do crescimento interdisciplinar no marketing social"] *in Hastings and Bryants, The SAGE Handbook of Social Marketing*, 2012.

149. Philip Kotler e Ravi Achrol, "The Frontiers of the Marketing Paradigm in the Third Millenium" ["As fronteiras do paradigma do marketing no terceiro milênio"], *Journal of the Academy of Marketing Science (JAMS)*, 2012.

150. Philip Kotler, "Philip Kotler's Contributions to Marketing Theory and Practice" ["Contribuições de Philip Kotler para a teoria e prática do marketing"], para o volume 8 de *Review of Marketing Research*: "Special Issue — Marketing Legends".

151. Philip Kotler, "Re-Inventing Marketing to Manage the Environmental Imperative" ["Reiventando o marketing para gerenciar o imperativo imperial"], *Journal of Marketing*, julho de 2011, Vol. 75, pp. 132-135.

152. Philip Kotler, Bobby J. Calder, Edward C. Malthouse e Peter J. Korsten, "How Chief Marketing Officers Rate Their Influence" ["Como os chefes de marketing relacionam suas influências"], M.I.T. *Sloan Management Review,* outubro? *Link:* http://sloanreview.mit.edu/x/54108

153. Philip e Milton Kotler, "The Global Economy of Cities" ["A economia global das cidades"], *Cambridge Review,* 2013.

best.
business

Este livro foi composto na tipologia Palatino LT Std Roman,
em corpo 10,5/15, e impresso em papel off-set 75g/m² no Sistema
Cameron da Divisão Gráfica da Distribuidora Record.